新编公共管理类专业实践教材
(顾问 夏书章/主编 王枫云)

大都市治理的域外观察

王枫云 陈亚楠 编著

中山大学出版社
·广州·

版权所有　翻印必究

图书在版编目（CIP）数据

大都市治理的域外观察/王枫云，陈亚楠编著. —广州：中山大学出版社，2019.12
（新编公共管理类专业实践教材）
ISBN 978-7-306-06680-0

Ⅰ. ①大… Ⅱ. ①王… ②陈… Ⅲ. ①大城市—城市管理—高等学校—教材 Ⅳ. ①C912.81

中国版本图书馆 CIP 数据核字（2019）第 167577 号

出 版 人：王天琪
策划编辑：曾一达
责任编辑：周　玢
封面设计：曾　斌
责任校对：王　璞
责任技编：何雅涛
出版发行：中山大学出版社
电　　话：编辑部 020-84110283，84111996，84111997，84113349
　　　　　发行部 020-84111998，84111981，84111160
地　　址：广州市新港西路 135 号
邮　　编：510275　　传　　真：020-84036565
网　　址：http://www.zsup.com.cn
　　　　　E-mail: zdcbs@mail.sysu.edu.cn
印 刷 者：广州一龙印刷有限公司
规　　格：787mm×1092mm　1/16　9.25 印张　216 千字
版次印次：2019 年 12 月第 1 版　2019 年 12 月第 1 次印刷
定　　价：39.00 元

如发现本书因印装质量影响阅读，请与出版社发行部联系调换

本书是下列教学改革与科研项目的部分成果:

(1) 2018年广东省普通高校创新团队项目:"中国超大城市治理模式创新研究团队"(2018WCXTD007)。

(2) 2018年度广东省本科高校创新创业教育改革研究重点项目:"美国高校创业教育发展的动力体系及其启示研究"(2018A043412)。

(3) 广东省教育科学"十三五"规划2018年度教育科研重点项目:"构建师德建设长效机制研究"(2018JKZ004)。

(4) 2017年广州市教学成果培育项目(Guangzhou teaching achievement cultivation project):"面向创新能力培养的地方院校实践教学基地建设探索与实践"。

目 录

第一章 绪论 ... 1
第一节 选题背景和研究意义 ... 1
一、选题背景 ... 1
二、写作意义 ... 2
第二节 国内外相关研究述评 ... 3
一、国内外学者关于大都市的相关研究 ... 3
二、国内外学者关于大都市治理的相关研究 ... 9
三、国内外学者关于大都市治理国际经验的相关研究 ... 15
四、对国内外相关研究的评价 ... 19
第三节 基本概念界定 ... 21
一、大都市 ... 21
二、大都市区 ... 22
三、大都市区治理 ... 23
第四节 理论基础 ... 29
一、大都市区治理理论 ... 29
二、经验类化（迁移）理论 ... 30
三、城市群体理论 ... 31
第五节 写作方法和思路 ... 31
一、写作方法 ... 31
二、写作思路 ... 32

第二章 欧美国家大都市治理的特征及其经验 ... 34
第一节 美国纽约的大都市治理 ... 34
一、纽约的大都市治理观察 ... 34
二、纽约大都市治理的特征 ... 39
第二节 英国伦敦的大都市治理 ... 41
一、伦敦的大都市治理观察 ... 42
二、伦敦大都市治理的特征 ... 45
第三节 法国巴黎的大都市治理 ... 47
一、巴黎的大都市治理观察 ... 47

二、巴黎大都市治理的特征 …………………………………… 51
　第四节　德国柏林的大都市治理 …………………………………… 52
　　一、柏林的大都市治理观察 …………………………………… 53
　　二、柏林大都市治理的特征 …………………………………… 56
　第五节　欧美国家大都市治理的经验归纳 ………………………… 57
　　一、持之以恒、机构权威、政府支持、理念培育 …………… 58
　　二、发挥政府机制的作用，利用区位优势 …………………… 58
　　三、设立大区域管理制度 ……………………………………… 59
　　四、以市场机制为纽带，社会机制为基础 …………………… 60
　　五、立足当前，放眼未来 ……………………………………… 60

第三章　亚洲国家大都市治理的特征及其经验 ……………………… 61
　第一节　日本东京的大都市治理 …………………………………… 61
　　一、东京的大都市治理观察 …………………………………… 63
　　二、东京大都市治理的特征 …………………………………… 66
　第二节　韩国首尔的大都市治理 …………………………………… 70
　　一、首尔的大都市治理观察 …………………………………… 71
　　二、首尔大都市治理的特征 …………………………………… 76
　第三节　新加坡城的大都市治理 …………………………………… 79
　　一、新加坡城的大都市治理观察 ……………………………… 80
　　二、新加坡城大都市治理的特征 ……………………………… 84
　第四节　亚洲国家大都市治理的经验归纳 ………………………… 87
　　一、中央政府的主导作用 ……………………………………… 87
　　二、经济至上的原则 …………………………………………… 87
　　三、公众参与的适当形式 ……………………………………… 88
　　四、基层政府治理能力的逐步提高 …………………………… 88
　　五、行政区划手段的多种运用 ………………………………… 88
　　六、多种途径的治理探索 ……………………………………… 88
　　七、国家社会的作用发挥 ……………………………………… 88

第四章　非洲国家大都市治理的特征及其经验 ……………………… 89
　第一节　埃及开罗的大都市治理 …………………………………… 89
　　一、开罗的大都市治理观察 …………………………………… 91
　　二、开罗大都市治理的特征 …………………………………… 95
　第二节　南非约翰内斯堡的大都市治理 …………………………… 97
　　一、约翰内斯堡的大都市治理观察 …………………………… 97
　　二、约翰内斯堡大都市治理的特征 …………………………… 102

第三节　肯尼亚内罗毕的大都市治理 ………………………………… 105
　一、内罗毕的大都市治理观察 …………………………………… 105
　二、内罗毕大都市治理的特征 …………………………………… 109
第四节　非洲国家大都市治理的经验归纳 …………………………… 110
　一、积极发展中小城市和卫星城市，分散大城市职能 ………… 110
　二、调整城市经济结构，合理分配农业在经济中的比重 ……… 111
　三、注重城市基础设施的建设，改善城市人居环境 …………… 111
　四、发挥参与式城市规划在城市发展中的作用 ………………… 111

第五章　大洋洲国家大都市治理的特征及其经验 …………………… 113
第一节　澳大利亚悉尼的大都市治理 ……………………………… 113
　一、悉尼的大都市治理观察 ……………………………………… 114
　二、悉尼大都市治理的特征 ……………………………………… 119
第二节　新西兰惠灵顿的大都市治理 ……………………………… 120
　一、惠灵顿的大都市治理观察 …………………………………… 120
　二、惠灵顿大都市治理的特征 …………………………………… 121
第三节　大洋洲国家大都市治理的经验归纳 ……………………… 124
　一、澳大利亚和新西兰城市管理的主要经验 …………………… 124
　二、澳大利亚和新西兰大都市的住房治理经验 ………………… 126
　三、澳大利亚和新西兰大都市生态保护的经验 ………………… 127
　四、澳大利亚和新西兰大都市的绿化经验 ……………………… 129

参考文献 ……………………………………………………………… 132

第一章 绪　　论

第一节　选题背景和研究意义

一、选题背景

20世纪末期，随着社会的发展和科技的进步，人们开始进入后工业社会和信息时代，在经济、市场发展的需要下，不同国家的人们逐渐走在了一起，形成了全球一体化的趋势。美国学者欧内斯特·伯吉斯于1925年指出："在美国和欧洲，大城市的扩展趋势已得到认可，被看作'城市的大都市区'，这种大都市区远远超出了原有的政治界限，在纽约和芝加哥甚至超出了州的界限。"① 在这场全球经济重组的过程中，国家整体向多层次，即全球、国家、地域与地方的调节系统发展。城市，尤其是区域组织与地方政府经济和社会管理势能自下而上，地位不断攀升，在全球经济发展和社会认同中扮演着关键性的角色。种种迹象表明：当今竞争激烈的社会经济形势使得各国对大都市正式体系与区域经济现象间的关系研究迫在眉睫。这其中，一个十分重要的问题，就是城市和大都市区的治理。

城市是人类生产、生活的主要空间场所，是区域经济发展的"增长极"。随着城市现代化进程的推进，城市内部越来越复杂，城市与外围之间的联系越来越密切，城市功能越来越多样化，城市地域范围日益扩大，城乡界限也日渐模糊，于是，城市的广域空间组织——大都市区开始出现。②

为了有效地服务和管理大都市区日益庞杂的建设需求和发展趋势，世界各国一直致力于成立一个有效的大都市区政府。经过几十年的探索和实践，西方已经建立起一套比较完整、定型的大都市区行政管理组织和体制。这套体制的特征包括规范的制度安排、服务规则、社会秩序以及先进的公共设施等，使其能够在维护统治阶级利益的前提下，通过行政、经济和法律的手段，对公共需求进行有效的利益整合，调整都市各利益集团之间的矛盾冲突，促进经济的稳定发展。目前，不论在发达国家还是在一些新兴的工业化国家和地区，有效的大都市区政府管理成功地带动了经济的起飞已是一个不争的事实。③

经济全球化时代，虽然政治权力的全球一体化还十分遥远，但经济的全球一体化已

---

① E. W. Burgess. The Growth of a City: an Introduction to a Research Project. American Sociological Society, 1925(2): 85 – 97.
② 参见何小娥《大城市规划区内小城镇总体规划实施机制研究》（硕士学位论文），华中科技大学2004年。
③ 参见黄珊《国外大都市区治理模式》，东南大学出版社2003年版。

经初现端倪，它给各国带来的挑战和压力，成为推动各国行政改革的巨大动力。为此，各国大都市区政府在行政管理体制方面相继采取了许多新的应对策略。除更迫切地推进"积极公民"（active citizen）和"它是我的城市"（it's my city）等新举措外，还力求使公众和非政府组织发挥更大的效力来支持政府的管理。比如多伦多、伦敦、大阪、东京、釜山等几个世界上著名的大都市区都对自己的大都市区政府组织进行了全面的改革和尝试：重组后的大都市区域政府，由原有的一层（one-tier）转变为双层（two-tiers），甚至多层（multi-tiers）；并力主政府和非政府组织、社会、公众之间的合作，再次革新了大都市区管理概念。同时，西方大都市政府的研究也由先前的大都市区政府（metropolitan government）转为大都市区治理（metropolitan governance），以便在更大、更广泛的领域里管理城市事务，大都市区治理研究由此而全面展开。

在中国，城市管理体制格局形成于计划经济时期，当时的基本国情决定了政府在城市管理中的作用较为突出，机构过度庞大，政府间利益冲突十分尖锐等问题突出。世界在进步，中国也在进步，原先的计划经济体制也向市场经济体制进行转轨，这引起了一种现象：大量的农村人口涌入城市，资本、土地和劳动力等生产要素呈现高度流动性，整个国家进入了城市化的加速发展时期。然而，转型期间，在国家经济的主战场——大都市区，计划经济管理模式的残余仍然影响着城市政府的大都市区经济管理模式，各地方政府画地为牢、各自为政的经济行为严重阻碍着大都市区经济的整合发展，也极大地影响了中国大城市向国际大都市发展目标的迈进。大城市的发展本身就伴随着一系列严重的社会、经济和环境问题，城市基础设施不堪重负、土地开发和利用极不合理、环境污染日益严重等现象屡见不鲜。与此同时，城市社会阶层分化、各种社会资源分配不公也逐渐引起社会各界广泛的关注。因此，在现阶段协调和整合大都市区域内外各级政府之间的关系，培育和优化大都市区的各级要素市场，鼓励和动员公众参与城市发展政策的制定与实施，能够促使上述问题得到缓解和消除，有助于中国区域经济健康、稳定和有序地发展。[①]

大都市区治理研究，可以帮助有效地改善大都市区城市制度环境和管理模式，尽快地建立区域性多元化管理体制，理顺各级政府间以及政府与市场、社会之间的关系，确立相应的权力分配规则和行为规则，明确各级政府在大都市发展中应该扮演的角色，是一项具有十分重要的理论意义和实践价值的课题。

二、写作意义

城市是人类最伟大的创造之一，它既是人类文明发展的重要标志，又是人类文明下一步发展坚实的物质和精神基础，而大都市则是城市发展过程中形成的重要成果。大都市的数量随着工业革命的发展推进不断增多，其地位也在城市体系中不断凸显，这便引起了大量专家学者的关注。随着研究趋势的变化，越来越多的人更加青睐于大都市政府治理的研究，研究内容也日益丰富，研究视角也不断地在扩展。

在深入分析大都市管治的理论基础背景和宏观背景基础上，针对目前管治中存在的

[①] 参见黄珊《国外大都市区治理模式》，东南大学出版社2003年版，第4页。

突出问题，探讨大都市区内不同层级、不同主题之间的权力互动关系，借鉴国外大都市区管治的经验，为中国大都市区管治的理念、结构、模式，以及管治的重点领域提供参考意见；促进区域经济协调发展，发挥大都市区的带动和辐射作用，加强区内城市的分工协作和优势互补，形成若干以特大城市和大城市为龙头、要素集聚能力强、人口分布合理的新城市群，并且为增强这些城市群的整体竞争力提供理论依据。

本书就是在这一时代背景下，以构建世界大都市理论为突破口，尝试对世界城市历史发展和未来发展，展开历史与逻辑、理论与现实相结合的系统性研究与分析，这对于考察世界城市现象、剖析当前格局与形式、为中国的大都市找到切实可行的发展路径等都具有重要的理论指导与实践意义。通过借鉴其他国家治理的有效经验来为我国构建一个更加完善合理的大都市区治理模式，这将为政府的政策制定及城市管理创新起到积极的作用。

第二节 国内外相关研究述评

一、国内外学者关于大都市的相关研究

（一）国外学者关于大都市的相关研究

1. 都市圈

日本经济学家高野在1959年研究大城市郊区化和卫星城镇问题时，从商业角度提出了"大城市圈"概念，随后也带动了一大批学者对城市群体现象进行研究。他们从不同国家和地区的角度对城市群体现象进行了定义和划分，但万变不离其宗，这些定义的核心思想总的来说就是经济发展载体系统的区域整体观和系统观。到了20世纪60年代至80年代之间，日本关于都市圈的研究多是集中在都市圈内单一因素，如产业和人口的分布与成因上。20世纪80年代以后，研究者的研究重点开始从单一因素逐渐转移到都市圈空间结构变化的综合总结上。例如，从京阪神都市圈内部三大城市的人口和零售业分布以及由此决定的城市中心性空间变化，可看出在城市核心地区中心性降低的同时，都市圈走向均衡发展。

简而言之，我们可以把大都市圈（metropolis sphere）概括为：在一定的范围内，以一个经济发达的中心城市作为核心，包括其经济辐射的周围城镇群体，共同形成了具有一定结构、内在经济联系的高度城市化经济地域。因此，我们可以简单地说大都市圈一般具有以下几种特征：①大都市圈内必须至少有一个经济较为发达并具有强辐射能力的中心城市；②中心城市必须有一定的辐射腹地空间；③大都市圈内应具备高度发达的基础设施；④大都市圈内中心城市与基地城镇之间应有密切的经济联系；⑤大都市圈不是行政区的简单叠加，而是经济区、社会区、生态区的综合集成；⑥大都市圈内应有较高级的城市。

2. 都市带

希腊人在公元前4世纪的时候在伯罗奔尼撒半岛规划了一个城邦，并希望这个城邦

在将来发展成为希腊最大的城市，故将其命名为"megalopolis"。赋予 megalopolis 以现代含义的是法国城市地理学家戈特曼（Gottmann）于 1957 年发表的著名论文《大都市带：东北海岸的城市化》以及随后的一系列著作。他使用"megalopolis"一词来表示城市化发展历史进程中特定现象的专有名词——大都市带。

戈特曼认为，大都市带是城市化历史进程在工业社会和后工业社会的必然表现形式。发生在区域内的人口、财富、智力以及各种交易活动的高度集聚引起了各种要素的相互交织，由此进一步引发的孵化器功能反过来又对区域内的人口分布、居住区模式、土地利用、劳动形式及城市生活方式等重要社会经济活动的发展趋势产生重大影响，从而成为除了区位历史条件以外，影响大都市带形成的重要基础条件。戈特曼关于都市带的主要学术思想包括：

（1）大都市带概念及指标。大都市带就是由在具备特定条件的地区出现的，沿着特定轴线发展的，巨大的多核心城市空间形态。该空间各个子系统之间的人口、交通、信息、资金、物资和文化活动等多种"流"的高强度交互作用，使得这一巨大系统在自然景观和社会活动功能的许多方面都与周围地区表现出显著的差异。它以人口规模 2500 万人和人口密度 250 人每平方千米为下限。

（2）都市带的特征。首先，从空间形态上看，它是在核心地区构成要素的高度密集性和整个地区多核心的星云状结构。其次，从空间组织上看，它是其基本组成单元内部组成的多样性和宏观上的马赛克结构。

1967 年，地理学家石水照雄和木内信藏首先翻译并介绍了戈特曼的著作。在日本，大都市带的研究是与国家的经济建设密切联系在一起的。曾主持 1960 年东京规划的日本学者丹下健三在 1965 年出版的《日本群岛的未来》一书中总结了第二次世界大战（以下简称"二战"）后日本城市发展的过程，对日本全国特别是东京湾的城市发展前景做了预测，认为大都市带化（Megalopolitanization）将会成为人类社会未来的蓝图。山鹿诚次《东京大城市圈之研究》、服部圭二郎《大城市地域论》也纷纷涉及对东海道大都市带的研究。20 世纪 70 年代以后，日本城市发展逐渐进入郊区化阶段，以筑波科学城建设为代表的分散化倾向日渐明显，东海道大都市带的发展进入了成熟阶段。90 年代以后，日本学者对大都市带的研究无论在广度还是深度上都进入了一个新的阶段。比如，改变了以往日本都市圈连绵地域之间没有联系指标的状况，利用地平线公路车流量普查资料，结合人口迁移指标对全国的大都市圈做了新的划分，提出地域轴的概念，并对各种等级、类型的大都市圈的空间特征做了分析，为大都市带的研究引入了新的视角和方法。

加拿大地理学者麦吉（T. G. Mcgee）经过多年实地研究，提出在亚洲某些发展中国家如印度尼西亚、泰国等的核心区域出现了与西方大都市带类似的发展背景，但又有着完全不同的新型空间结构。他借用印度尼西亚语"Desakota"来表示这种源于人口密集的热带地区、处于大城市之间的交通走廊地带，借助于城乡间强烈的相互作用，以劳动密集的工业、服务业和其他非农产业的迅速增长为特征的原乡村地区，后来进一步发展为类似于大都市带的超级都市区（megaurban region，MR）概念。麦吉认为，Desakota 区域有 6 个主要特征：①以水稻种植为传统产业的密集人口及与周围地区方便的交通联系；②非农业的迅速增长；③农业、副业、工业、住宅及其他各种土地利用方式的交错布局；④较强的人口流动性；⑤越来越多的妇女对非农产业的参与；⑥无论从景观、内部成分，还是管理系统等方面来看，Desakota 都属于半城半乡、非城非乡的"灰色区域"。

3. 大都市圈空间发展新趋势

（1）空间拓展广域化。随着科学技术的飞速发展，空间时距不断缩小，经济联系逐渐加强，大都市圈率先进行空间拓展广域化，最大限度地增加了经济吸引范围和经济辐射空间。例如，大巴黎、大伦敦、大纽约、大东京都市圈都是在原来小巴黎、小伦敦、小纽约、小东京地域范围逐渐拓展广域化的。同时，也反映了从宏观大区域角度解决大城市问题的必然性。

（2）空间结构多核化。大都市圈形成的初始形态是一极单核的空间结构，由此导致的城市问题，如住宅、交通、环境、房价、土地和地区收入差距等问题，已非常尖锐地显现了出来。因此，人们必须开拓城市发展的区域视野，把原来的单核结构进行有序合理的重组和疏解，并结合中心城市产业结构的升级，把老化的、不适应新环境要求的城市功能扩散到周边城镇，培育新的经济增长极，建设综合化、多样化和均衡化发展的新兴城镇，最终形成多核多中心的空间结构。

（3）交通系统的网络化。基础设施的建设和完善是大都市圈形成发展的硬件，交通基础设施的超前郊区化是大都市圈形成发展的前奏。交通系统延伸的尺度和组合建设水平决定了大都市圈成长的规模和速度。在经济全球化的宏观背景下，每个大都市圈都是以一个整体形象和地域单位的身份来参与国际竞争、分工、合作和交流的。因此，迅速构建与全国其他大都市圈和全球各大都市圈同样的便捷发达的交通网络，已成为每个大都市圈立足世界、参与国际竞争的关键硬件，同时也是提高大都市圈外向度的前提基础。从首尔、东京、巴黎、纽约等大都市圈的形成来看，高速地铁、轻轨、高速公路、铁路等交通基础设施硬件的建设，以及与区外联系的国际性机场、跨国跨洲铁路交通的建设，在大都市圈内形成便捷、准时的网络化交通体系，是大都市圈成长的关键所在。

（4）空间联系的国际化。随着以因特网技术为中心的高新技术的全球普及，经济全球化和区域经济集团化已成为锐不可当的趋势。在经济发达国家产业国际性扩散的同时，各个国家或地区的空间距离也在逐步缩小，空间联系国际化趋势明显。从首尔、东京、巴黎等大都市圈的形成和发展来看，单纯从全国甚至本都市圈范围来寻求中心城市的定位，是不能适应大都市圈成长要求的。必须从更宏观区域和全球的角度，去准确定位中心城市在全球经济一体化发展中的功能作用，使空间联系国际化和全球化，如此，大都市圈的成长才能健康可持续发展。例如，巴黎在 1994 年的 SDAU 规划（巴黎城市总体规划）中把巴黎定位为欧洲中心，就是强化了巴黎大都市圈空间联系的国际化趋势。①

（5）空间扩散的垂直化。在大都市圈形成发展的初期，由于科学技术水平和生产

---

① 参见张恺《巴黎城市规划管理的新举措——地方城市发展规划（PLU）》，载《国外城市规划》2004 年第 5 期，第 53～57 页。

力水平还不够发达，大部分城市功能都集中在中心城市里完成，即形成了空间结构水平分工体系。随着第四次、第五次科技革命的到来，人类空间距离的地理摩擦逐渐缩小，中心城市的部分功能开始分化和扩散。中心城市继续强化生产管理控制、科研开发的中心服务功能，而生产装配等工业生产功能逐渐向周边城镇甚至全球扩散，形成了空间扩散的垂直化分工体系。目前，伦敦、纽约以及东京大都市区已成了世界级的生产管理控制中心和科研开发中心。

（二）国内学者关于大都市的相关研究

在中国，部分学者按照国外定义大都市的标准来判断，认为我们的都市区还未成型，只能说仅个别城市出现了都市区的雏形。但又有学者认为，中心城市人口规模只要达到20万人以上，我们就可以以这个中心城市为中心定义一个大都市区。如果按照这个标准来说，我们在1997年的时候，人口达到20万人以上的中心城市就有284座。但是，在中国，除少数大城市外，绝大多数城市仍处于以向中心集聚为主的城市外延式膨胀阶段，郊区化并不明显。总人口在50万人以下的中等城市向心集聚特征则表现得更为明显，城市边缘组团和卫星城市发育不明显，城市呈向心团块状，未形成一个包括周边地区的城市化区域，不完全具备大都市区的普遍特征。所以，在中国，一般意义上的大都市区应指以具有大于50万人口的大城市为核心的城市化地区；其中，核心城市非农业人口超过200万人的有12座，100万～200万人的有22座，50万～100万人的有47座。

1. 关于城市群与大都市带的研究

1983年，于洪俊、宁越敏在《城市地理概论》一书中首次介绍了戈特曼的思想。此后崔功豪对此做了全面系统的阐述，并对我国长江下游城市带的形成做了比较深入的研究。1992年姚士谋在《中国城市群》一书中，对大都市带做出了广义的理解，提出了城市群（urban agglomeration）的概念。在此基础上对中国城市群的地域结构特征、发展趋势等方面做了理论探讨，并对5个"超大型城市群"和8个近似城市群的城镇密集区做了研究。

唐路、薛德升、徐学强在2003年从概念、空间结构、规划、地域空间、范围界定、特征、机制、协调发展、思想九个方面对1990年以来国内有关大都市带（都市连绵区、城市群）的研究进行了回顾，得出国内的相关实证研究较多，实际工作也进行了很多，但理论升华不够；研究工作多停留在定性描述、经验总结阶段，运用定量方法、特别是运用诸如地理信息系统等新手段的研究较少；物质性研究较多，非物质性的研究内容较少；虽然学界对交通方面的研究很多，但对于具体的交通设施的影响涉及不多。①

2013年，王丽、邓羽、牛文元在以往学者研究的基础上，提出城市群界定的标准是：其一，城市群发育的内部、外部条件，这是城市群形成的基础前提。其二，是指城市群内城市与腹地、城市与城市之间的相互交流合作，这是城市群存在的本质。其三，

---

① 参见唐路、薛德升、许学强《1990年以来国内大都市带研究回顾与展望》，载《城市规划学刊》2003年第5期，第1～5、96页。

是指城市群内起主导作用的核心城市，属于城市群的结构之一。其四，指城市群内所有城市是以规模等级完整的城市体系形式存在，也是属于城市群的结构之一；然后运用区域作用组合模型，得出城市群的识别体系是指城市群内部的首位城市和城市体系情况，均与相应城市的综合规模以及其在全国范围内所处的层级有关。①

2014年，方创琳在《中国城市群研究取得的重要进展与未来发展方向》一文中曾指出，中国的城市群是近30年来伴随国家新型工业化和新型城镇化发展到较高阶段的必然产物，中国的城市群研究目前尚处于亟待加强的薄弱环节。他认为，从1934年到2013年发表在《地理学报》上关于城市群文章的内容大多瞄准国家需求，但都比较发散，不过研究成果还是对国家城市群总体格局形成了引领的作用。他认为这些作用具体体现在：提出的城市群空间格局推动国家形成了中国城市群空间结构的基本框架，引导国家新型城镇化规划把城市群作为推进新型城镇化的主体形态，提出的城市群空间范围识别标准与技术流程对界定国家城市群范围起到了重要作用，提出的城市群系列研究领域带动城市群的研究向着纵深与实用方向拓展，提出的中国城市群形成发育中存在的问题对未来城市群的选择与发展起到了警示作用。并在此基础上提出了反思检讨中国城市群问题，重点在于推动形成"5+9+6"的中国城市群空间结构新格局；以国家战略需求为导向，继续深化对城市群形成发育中重大科学问题的新认知，包括深入研究城市群高密度集聚的资源环境效应，科学求解城市群高密度集聚的资源环境承载力，创新城市群形成发育的管理体制和政府协调机制，研究建立城市群公共财政制度与公共财政储备机制，研究制定城市群规划编制技术规程与城市群空间范围界定标准等。②

2. 关于都市连绵区的研究

改革开放后，中国沿海地区经济的持续高速增长带来了各级城市和农村城市化的大发展，国内学者周一星将这种现象命名为"都市连绵区"（metropolitan interlocking region，MIR）。并归纳总结出都市连绵区形成的五个必要条件是：①2个以上人口超过500万人的特大城市作为发展极，而且其中至少有1个城市具有相对较高的对外开放程度和国际性城市的主要特征；②技术水平领先、年货物吞吐量在1亿吨以上的大型海港和空港；③便利的交通干线作为交通走廊，连接增长极和对外门户；④其内有较多的中小城市沿交通走廊相连，总人口规模达到2500万人以上，人口密度达到每平方千米700人以上；⑤组成都市连绵区的各个城市之间、市区内部有密切的社会和经济联系。

王珏、叶涛于2004年在《中国都市区及都市连绵区划分探讨》一文中，将都市连绵区定义为由若干个都市区组成、具有多极城市形式并沿着特定轴线发展的特殊城市系统，是具有高密度城市和一定人口门槛的城市空间组织形式。由于其空间上常呈带状或连片分布，因而也称为大都市带（megalopolis）。都市区和都市连绵区均为阶段性的城

---

① 参见王丽、邓羽、牛文元《城市群的界定与识别研究》，载《地理学报》2013年第8期，第1059～1070页。
② 参见方创琳《中国城市群研究取得的重要进展与未来发展方向》，载《地理学报》2014年第8期，第1130～1144页。

市空间形式,是城市发展的必然结果。①

宁越敏于 2011 年根据全国第五次人口普查数据,明确以设区城市作为中国大都市区的界定对象,并进一步将其归为三种类型:①所有人口都是城镇人口的市辖区,它又可以分为两种次类型,一是传统的老城区,二是在郊区化影响下,人口密度超过 1500 人/平方千米的近郊区;②人口密度低于 1500 人/平方千米,但城市化水平较高的市辖区;③含有较多乡村人口的区、县(县级市)。都市区由第一类和第二类共同组成。在上述都市区的界定标准基础上,长江三角洲、珠江三角洲、京津唐、山东半岛、辽中半岛等 10 个地区均符合关于都市连绵区的界定标准,还有武汉、长株潭等都市区人口超过 200 万人及由邻近城市形成的区域,因此,国内合计有 13 个规模较大的都市连绵区。②

3. 关于都市区的研究

周一星认为,规模经济是引起空间集聚从而形成城市聚落并促使其不断发展深化的根本原因所在,也就是所谓的都市区形成的理论基础。而城乡相互作用是都市区形成的直接推动力量;技术进步是都市区形成的触发因素;都市区形成的媒介因素是城乡之间完善的基础设施,同时也将前述基本动力和触发因素转变为客观现实。

空间经济活动追求规模经济效益的内在冲动和空间相互作用是普遍存在的空间经济规律,借助于技术进步带动的产业空间重组这一历史机遇,并通过基础设施的媒介作用,就可以使上述规律发挥到极致,从而导致都市区的形成。而面对都市区与都市连绵区的日益形成与增大,周一星认为,因此而产生的有待调控解决的问题主要有:①区域环境污染日趋严重;②基础设施重复建设比较突出;③土地资源流失严重,农业发展缺乏后劲;④行政地域侵害带来的矛盾日趋尖锐。因此,他对实施调控提出了若干建议:①尽快建立我国的都市区概念;②在都市区地域内建立起相应的协调组织机构;③强化行政地域的空间规划和管理;④制定相应的法规。

徐海贤 2001 年提出了大都市区的可持续发展对策,他认为,我国大都市区一方面面临着全球背景下从工业社会向知识社会转变的影响,另一方面面临着经济体制由计划经济向市场经济转变的影响。他对世界大都市区面临的共同问题进行了剖析,得出了各国大都市区可持续发展的挑战主要来自三个方面:城市社会问题的激增、经济机会竞争的加剧及环境质量恶化。并根据在德国柏林的欧洲 17 个都市区可持续发展战略研讨会上提出的大都市区可持续发展战略为依据,提出了我国大都市区可持续发展的调控战略:①建立大都市区联合空间规划机构;②成立大都市区政府。

4. 关于大都市圈的研究

曹传新认为,工业化是大都市圈形成发展坚实的经济基础。伴随着 18 世纪中叶工业革命而发生的工业化浪潮,城市作为工业经济社会发展的载体空间,以前所未有的速

---

① 参见王珏、叶涛《中国都市区及都市连绵区划分探讨》,载《地域研究与开发》2004 年第 3 期,第 13~16、21 页。

② 参见宁越敏《中国都市区和大城市群的界定——兼论大城市群在区域经济发展中的作用》,载《地理科学》2011 年第 3 期,第 257~263 页。

度和规模向前发展，城市性质、规模、功能等基本属性日趋异质化。在世界范围内，19世纪初的城市化水平仅有5%左右，到20世纪90年代已超过40%，而世界前100位大城市的平均人口规模也从19世纪初的不足20万人增加到1990年的超过500万人。因此，工业化是世界大都市形成发展的原始动力，大城市、超大城市、大都市区以及大城市圈（或称大城市区域）的出现是工业化经济发展的客观要求，同时也是城市化发展的必然结果。

信息化是大都市圈形成发展的现实动力。20世纪下半叶，计算机技术、通信光纤技术、微电子技术等技术群以前所未有的技术创新速度向前飞速发展，引发了信息化革命的浪潮，从而标志着以信息经济、知识经济为基础的后工业化社会的到来。全球载体系统也在信息化的过程中发生了时空层面的演变，形成了"世界城市""地球村"等城市地域概念。大城市，尤其是特大城市在信息经济时代具有明显的优势。一方面，要求工业化时代的各种产业经济要素向外扩散；另一方面，要求信息化时代各种高层次经济要素向中心城市集聚，以推动城市结构的更新和重塑，从而加速大都市圈的演化进程。

服务经济是大都市圈形成发展的产业基石。服务产业是后工业化社会的主导产业，是城市经济的主体部分。以制造业为主体的第二产业所形成的城市经济结构已明显不适应新时期信息化时代的要求，高层次服务产业，诸如金融、保险、证券、研发、管理等，迫使大城市、特大城市进行结构重组、升级。服务经济功能取代了工业经济功能，并占据着中心城市的主体空间。因此，服务产业的崛起，必然会拉动中心城市功能的有序扩散，从而带动中心城市周边城镇经济的发展，为大都市圈经济空间的形成奠定产业基石。

因此，大都市圈的形成，是城市时空演化的规律性要求及趋势，是在新环境中对工业化时代问题的解决，是城市空间结构的最佳组合方式，是城市功能演变的必然结果。

二、国内外学者关于大都市治理的相关研究

（一）国外学者关于大都市治理的相关研究

大都市区的成长可以分为不同的时期，每一个时期所面临的矛盾和问题也是各有不同的，换句话可以说是每个时期的侧重点都是不一样的。在这个漫长的成长过程中，国外大都市区治理研究也形成了由统一政府学派向多中心治理学派和新区域主义学派演进的趋势，而这些学派又以美国体现得最为明显。

1. 统一政府学派

20世纪上半叶，大都市区治理研究者关注的主要是大都市区政治体制的分散对经济发展的消极影响，以及大型公共服务基础设施的不足。1930年，保尔·斯杜邓斯基在《美国的大都市区政府》一书中指出，中心城市和郊区本来是一个整合的经济和社会大都市区，却被人为地分割成碎片化的市、专区和县等政治机构。"大都市区政治组织毫无组织章法，成为由名目各异的政治部门在不同时间随意建立而无融合的大杂烩。"同年，斯蒂芬斯等列举了大都市区因政府结构碎片化而产生的一系列问题，涉及交通、市政、治安、消防、卫生、环卫、绿化、文化教育和娱乐等方面。1942年，琼斯总结

了大都市区存在的六大问题。①

20世纪50年代，政治学家罗伯特·伍德对大都市区政府结构碎片化的消极影响做了进一步的探讨。他认为，由于缺乏区域性的制度安排，大都市区的人们不可能产生对更高层次政府和社会秩序的忠诚。因此，区域性的问题找不到解决的渠道，整个区域无法形成长远的观点，从而丧失了进行合理规划和唤醒区域整体意识的能力。"二战"后，随着科技革命的兴起，人口、商品和资本的流动不断加快，人口和产业的重心不断向郊区倾斜，中心城市的衰落和郊区的扩张成为大都市区内此消彼长的一种现象。雅各布斯所谓的"大杂烩政府"，其结果不仅导致了郊区服务质量与经济效益的下降，而且导致了地方在财政收入、税率和服务等方面的不平衡。

针对这些问题，统一政府学派或称大都市区政府学派倾向于大都市区的政治一体化，试图在大都市区实现"一个区域一个政府"的目标。统一政府学派主张通过兼并或市县合并等结构性改革方式消除大都市区内众多的地方政府，建立一个统一的大都市区政府，优化大都市区域的资源配置，增进政府的工作效率和经济效益，以适应整个大都市区域对公共服务的需要。例如，斯杜邓斯基指出美国大都市区的主要政治问题是其地方政府的零碎化，其唯一符合逻辑的发展方向是兼并为区域性大都市区政府。总的来说，统一政府学派认为大都市区的基本问题是地方政府的分散化或零碎化导致效率低下，公共服务不平等，缺少对区域有整体性关注、有责任感和对未来有清晰规划的大都市区范围的政治领导层等，而这些问题的唯一解决之道就是在每个大都市区构建一个区域范围的政府结构。这些主张强调区域的整体发展和以区域为基础的大都市区政府，因此又被称为"区域主义"。相对于20世纪90年代出现的新区域主义而言，这种注重区域整体发展和主张建立区域政府结构的区域主义又被称为传统的区域主义。

统一政府学派曾经在大都市区治理研究中占据主流地位，但到了20世纪60年代，随着大都市区情况的变化和政府改革浪潮的兴起，大都市区统一政府学派开始受到多中心治理学派的强烈冲击。对于统一政府学派的主张，批评者首先对巴尔干化（碎片化）的理论提出了质疑，如罗伯特·比什和文森特·奥斯特罗姆指出，美国地方政府的巴尔干化在很大程度上是一种错觉，这种错觉是由于将辖区的交叠和权威的分割等同于混乱这一思维方式造成的。政府机构的联邦制必然要出现辖区的交叠，权力的划分必然会导致权威的分割。批评者对统一大都市区政府的工作效率和经济效益也产生了怀疑，他们以大城市政府为参照，认为由于大城市政府的庞大规模和僵化机构，因而在提供某些服务，如警察、教育、废物处理、交通等方面表现无能；而投票选举所产生的市长和为数不多的几个高级市政官员，也并非像传统改革理论家所鼓吹的那样能够有效地反映公民的意志。例如，奥斯特罗姆等人对大都市区政府与多中心治理两种模式进行比较之后得出结论：建立统一的大都市区政府，可能会产生回应迟缓、服务成本上升、效率低下等问题。

2. 多中心治理学派

多中心治理学派以公共选择理论为基础，该理论建立在查尔斯·M. 蒂尔鲍特"以

---

① Jones Victot. Metropolitan Government. The University of Chicago Press, 1942: 53 – 84.

脚投票"的假定之上。1956年，蒂尔鲍特通过对城市住房的研究，发现大都市区内地方政府的数量越多，市民选择的机会相应更多，市民就能够通过迁移获得效率和质量更高的公共服务。在这种情况下，纳税人即市民等于是在"以脚投票"选择地方政府。之后，包括奥斯特罗姆夫妇等人在内的更多研究者沿着这一假定对大都市区的治理绩效与治理模式进行理论分析，形成了多中心治理学派。多中心治理学派认为，大都市区内分散化的地方政府形成了一种"多中心治理体制"，能够更好地满足分散的公民服务需求与偏好，而且公民也可以通过"以脚投票"来挑选并定居于那些最能够满足他们需要，实现成本和效益最优的社区。众多地方政府为居民提供竞争性服务可以消除由政府垄断所造成的问题，实现高效、质优、负责，以及规模经济等多项好处。甚至有学者提出，大都市区地方政府的碎片化程度与其绩效成正比，如斯奈德研究后发现，在控制了相关条件之后，碎片化的大都市区比巩固的大都市区地方支出的增长要慢。①

应该说，多中心治理学派的观点反映了植根于美国政治文化的一种想法，对于大多数美国人来说，内部自治是不容侵犯的民主权利，在组织地方政府上也是这样，他们对地方自治遭受更大范围区域政府的干涉怀有一种内在的反感。另外，多中心治理学派对于人们更好地理解大都市区治理做出了积极的贡献。例如，多中心治理学派强调个体的需要及选择，这与带有排他特征的大都市区政府相比有其积极意义，而该学派所强调的公共产品多中心供给也有助于形成限制政府管理方面产生垄断的机制。②

不过，尽管20世纪60年代以来，多中心治理模式在与统一政府学派的竞争中一直处于上风，但多中心治理模式也遭到了质疑。首先，如前文所指出的，作为该模式前提的"以脚投票"的假定受到批评，甚至公共选择论者自己也承认，蒂尔鲍特"以脚投票"的选择行为实际上是一种成本很高的行为，绝大多数公民都不会仅仅因为对城市服务不满意而搬迁。③ 其次，有批评者指出：地方政府既非民族国家也非企业，公共管理竞争也不同于市场上商品买卖的竞争，因此，多中心治理也不可能有效解决所有的问题，在强调效率与经济的同时却可能忽视类似平等和公正这样重大的社会问题，也无法弥合中心城市与郊区之间日益加深的经济和社会鸿沟。④ 另外，多中心治理学派的碎片化地方政府对整个区域经济的负面影响也受到了严格批评。针对多中心治理学派地方政府竞争性服务的观点，戴维·腊斯克认为，地方政府的极度碎片化，强化了种族和经济的隔离。政府间的竞争常常抑制了整个地区迎接经济挑战的能力。总的来说，对多中心治理学派的批评大多来自新区域主义学派，反映了20世纪90年代对大都市区治理的一种替代性的观点。

3. 新区域主义学派

事实上，主张在大都市区建立单一政府的统一政府学派与通过地方政府竞争提供服

---

① M. Schneider. Fragmentation and the Growth of Local Government. Public Choice, 1986, 48: 255-263.
② 参见王旭《美国城市发展模式》，见《从城市化到大都市区化》，清华大学出版社2006年版，第94页。
③ 参见[美]文森特·奥斯特罗姆、罗伯特·比什、埃莉诺·奥斯特罗姆《美国地方政府》，井敏、陈幽泓译，北京大学出版社2004年版，第96页。
④ 参见邵任薇《论单中心和多中心治理理论及其对大都市区治理的启示》，载《上海城市管理职业技术学院学报》2008年第4期，第45～48页。

务的多中心治理学派，都分别从不同的角度回答了大都市区如何治理的问题。前者强调的是科层制基础上的集中治理，后者强调的是通过市场机制形成的竞争服务，但是两者都更多地关注大都市区的组织结构问题。既然大都市区分散的地方政府结构不能有效解决问题，而建立大都市区政府又因与地方自治思想相抵触无法得到大部分选民的支持，那么，统一政府学派与多中心治理学派便都不足以解决全部的大都市区治理问题。在这种背景下，20世纪90年代，一种建立在北美和西欧大都市区治理经验性研究基础上的大都市区治理新视角开始形成，这就是新区域主义。新区域主义主要针对的是大都市区的可持续发展和区域内各地的均衡发展问题，包括环境污染、种族隔离、发展差距等问题。

尽管20世纪90年代的新区域主义与传统区域主义在注重区域整体发展的目标上相似，但其基本理念已有所不同。传统区域主义强调构建大都市区政府或减少政府层次与数量以提高效能，但新区域主义不再试图建立一个区域性政府，其更关注过程而非结构，更关注区域治理，试图建立一种全方位的包括政府与非政府组织、中心城市还有郊区在区域性问题中的合作过程。新区域主义认为，为了有效实现大都市区治理目标，政府与非政府组织之间越来越多地需要相互协作，如沃利斯将当代对区域主义的兴趣称为区域政府治理的第三波浪潮。他认为这一波浪潮与大都市区治理的前两次浪潮不同，并且其注意力从大都市区治理的正式结构转向利用政府组织与非政府组织之间的志愿合作机制来解决大都市区问题。新区域主义也认为，大都市区的整体发展离不开那些区域中心城市和郊区两者活力的发挥。他们中的一些人主张中心城市与郊区经济相互依存，有的人甚至更进一步，坚持认为郊区的健康发展建立在中心城市健康发展的基础上。实际上，新区域主义的一个重要主张就是号召郊区政府协助中心城市获得稳定和复苏。其主张的协助措施包括财政转移支付机制、生产管理政策、住宅公平分享法案、改善公众交通、政府组织与非政府组织之间的志愿合作等。例如，皮埃尔等学者用合作与协作，包括区域内政府与私人及非营利组织之间的合作来定义和研究大都市区治理。新区域主义在大都市区治理及其绩效研究中还引入了社会资本这个概念，旨在实现公共利益的治理离不开集体行动，但集体行动的逻辑却很难避免集体行动的困境，即理性的个人行动者相互之间因缺乏互信合作的网络机制，最后将选择从自我利益出发，而导致集体的非理性行为和公共利益的损失。普特南认为，社会资本的缺失，有助于解释美国大都市区面临的经济、政治和社会问题。对此，提升大都市区治理绩效必须重建社会资本，营造公私部门之间、邻里社区之间的友善与互信。然而，一些研究者也对政府组织与非政府组织之间的志愿合作能够代替传统的大都市区组织机构并且产生富有成果的大都市区治理持怀疑态度。另外，新区域主义能否作为一个独立的学派也受到了质疑。如有批评者指出，新区域主义并未形成库恩科学哲学意义上的研究"范式"。甚至连新区域主义的倡导者阿明也承认，"新区域主义"既不存在内部一致的经济理论，也不存在一致同意的必要政策行动。

根据上述大都市区治理三大学派的主张，发达国家大都市区治理的模式在不同时期分别表现为统一政府主义、多中心治理、新区域主义模式。事实上，这些模式又可以归结为集中治理和分散治理两种模式。以美国为例，自20世纪初大都市区出现以来，郊区化一直在扩张蔓延，由此带来了大都市区地方政府数量的不断增加，即大都市区政府治理的分散化；而为了解决大都市区的共同问题，基于规模经济的考虑以及其他原因，又需要建立整个大都市区范围的组织结构和制度安排，即大都市区政府的集中治理。基于此，丹尼斯·R.杨指出：在很大程度上，大都市区治理结构问题的特征可以归纳为基本的组织选择——集中或分散。应该说，分散治理是大都市区治理的一种初始和常规状态，是美国政治体制和政治文化孕育出的政治现实，而集中治理则是对大都市区地方政府分散化采取的某种纠偏措施。自20世纪初大都市区出现开始，兼并曾被采纳作为建立大都市区政府的主要方式。然而，在郊区化急剧发展的大趋势下，随着郊区人口的增多及经济实力的增强，郊区多倾向于成立地方自治法人单位，传统的兼并成功的机会越来越少。大都市区政府单位的分散化和多中心成为一种既定的现实，并受到公共选择学派的大力支持，形成了一种多中心治理模式。然而，多中心的治理局面超过一定限度就造成了大都市区地方政府的巴尔干化，严重影响了整个大都市区的发展潜力，造成了20世纪60年代和80年代的两次大都市危机。作为对这两次危机的应对措施，在这两个时期进行了改革，建立了大都市区政府和实施了新区域主义的治理模式。两者的区别在于：前者是通过市县合并在大都市区建立权威的政府机构；而新区域主义则是大都市区范围内的地方政府自愿联合，通过政府间协议、松散的大都市区协会、单一功能的特区或功能区解决大都市区的共同问题。这两种改革主张又分别反映了大都市区政府治理的集中和分散化，建立大都市区政府主要是主张大都市区权威的统一和集中；而新区域主义的主张则是主张统一解决大都市区治理问题的同时，强调大都市区内地方政府的独立和自治。①

（二）国内学者关于大都市治理的相关研究

虽然我国"大都市区（城市群）治理"理念是伴随20世纪90年代后期"治理"和"新区域主义"兴起而产生的，但自20世纪中期以来，以严重敏、宋家泰、于洪俊等为代表的地理学者、城市规划学者对城市群空间、区域政策问题的研究已经为我国大都市区的治理研究打下了坚实的基础。近年来，珠三角、长三角、京津冀、长株潭等城市群也针对治理模式、方法手段等议题展开了实践探索。

1. 大都市区治理模式研究

在我国，大都市区的治理实践多以政府为主，非政府团体、企业、个人等在治理中只是起到部分协调作用，并未在真正意义上从行政管理过渡到治理。我国的大都市区域治理是一种政府主导性的治理，多以"单中心"和"多中心"为主。在政府统揽状况下，新城建设、基础设施建设、经济资源分配等区域协调问题均是以行政力量为主导进行的。

张京祥认为，我国大都市区的治理可以采用"双层模式"的"都市圈地域管理"方式，由国家、省、大都市圈机构形成的第一层履行区域性事务职能，由市县形成的第二层进行具体事务。珠三角、长株潭等地各城市由于处于单一省级政府管辖，上级政府

---

① 参见易承志《国外大都市区治理研究的演进》，载《城市问题》2010年第1期，第89～95页。

在治理中起到重要作用,治理模式强调从上到下的作用。长三角和京津冀地跨多个省市,治理模式介于多中心协商和网络化多元协商之间,如"上级部门指导规划、协商机制、市长联席会议"等,并越来越注重公众参与。也有学者认为,南京都市圈是"新区域主义"的城市群治理模式,规划编制和治理过程中得到各级政府、学术机构、企业部门等的多方参与。

2. 大都市区治理手段及实践研究

在我国,政府之间的关系协调——通常包含纵向协调和横向协调两层。政府间横向关系的发展适应了我国市场经济的基本要求,也逐渐成为城市群政府间关系的研究重点,政府间关系协调一般通过设置区域机构和制度协调机制来进行。谢庆奎指出,政府间关系包括中央与地方、地方与地方、部门之间的关系,并进行了基础性系统分析。陈瑞莲深入地探讨了区域公共管理的基本理论和珠江三角洲的政府公共管理模式。如在长株潭城市群建设管理过程中,长株潭试验区建设管理委员会扮演"大区域政府"的角色,对长株潭各项事务起到了统筹治理、监督协调的重要作用。

区划调整与尺度重构——对于城市群协调的"区划调整"手段,毛蒋兴、张京祥等学者以珠三角、长三角为考察对象,剖析了经济区、行政区、区域体制问题。张京祥从"尺度重构"的视角对国家区域调控手段、行政区划调整进行剖析,指出区划调整的刚性尺度重构和国家战略区域规划的柔性尺度重构对区域治理产生了影响。

区域规划、政策——我国区域规划从理论到实践成果丰硕,研究大多从城镇体系、政府协作、资源空间配置角度出发,以"自上而下、注重体系结构"等"单中心"思想为主,逐渐注重多元参与的治理手段。顾朝林对城市群、城镇体系、区域规划方法进行了系统探讨,崔功豪等对区域及城市群理论基础、分析方法、规划协调手段等进行了系统梳理,周一星、陆大道、宁越敏等大批地理学者、城市规划学者推动了区域规划政策的发展。如长江三角洲地区区域规划、珠江三角洲地区改革发展规划纲要、长株潭城市群区域规划等规划政策相继编制,提出了组织协调方式、机构设置、发展路径等方面的政策建议。

3. 国内学者的研究主要集中于以下几个方面

(1)探讨中国大都市区的管理体制。即大都市区的行政组织与管理问题。按照"行政区经济"理论,解释了中国大都市区各地方政府在行政地位、地区规划、经济职能和公共设施上存在的畸形竞争和利益冲突,还为由中国特色的都市化地区进行各种地方政府关系的利益协调和公共服务提供的整合方面提出了不少改革思路,这些城市群区域行政体制的改革思路在一些地区均得到了实践的检验。[①]

(2)探讨大都市内涵及大都市区发展的行政规划问题。通过对大都市发展的各种形态,如都市区、都市带、都市群及各国对大都市管理的比较分析,探讨我国大都市的管理模式。[②]

(3)对国外大都市区治理模式的研究。对国外一些大都市区发展较成熟,治理模

---

① 参见刘君德、汪宇明《制和度与创新——中国城市制度的发展和改革新论》,东南大学出版社2000年版。
② 参见顾朝林《经济全球化与中国城市发展——跨世纪中国城市发展战略研究》,商务印书馆1999年版。

式较为完善的国家的大都市区治理模式进行研究,通过比较分析,寻求我国大都市区治理的有效路径。①

另外,国内学术界在一些相关方面也出现了城市研究的热潮。如在行政区经济方面的研究、② 地方政府管理方面的研究、城市群等方面的研究。这些研究都对探讨大都市区治理有重要的参考意义。

三、国内外学者关于大都市治理国际经验的相关研究

欧美发达国家是最先进入城市化阶段的,每个都市区都建立了自己区域管理的经验,形成了比较成熟的大都市管理方法和模式。我们都知道,即便是同一个大都市区,因为其地理位置不同,经济、文化、社会发展的阶段也不同,所以会产生不同的治理模式。在这些形式各异的大都市治理模式中,总能总结出一些相同的理念,而这些理念不仅可以为世界同时也可以为我国的大都市发展提供良好的借鉴。通过分析国内研究者对国际大都市治理经验的研究,可以总结归纳得出以下几点。

(一)注重经济、社会、环境协调发展

欧洲的早期城市化进程中与发展中国家的大都市,都犯了同样的错误。那就是在都市快速膨胀时期,过分强调城乡经济发展均衡,从而导致社会、环境、经济发展的严重失衡,基础设施与居民生活基本需要之间产生了巨大缺口,发生了严重的"城市病"。前期一味追求数字上升与范围扩张,后期便有越来越多的城市病显现出来。所以,越来越多的大都市从历史教训中总结经验,逐步改变单一追求经济一体化的发展模式,致力于城郊经济、社会、环境的协调发展。一方面,加强郊区基础设施、居民生活设施建设。如一些国家相继制定法律,规定大都市新兴工业区和居民住宅区都必须有相应的排水、给水和道路设施及垃圾处理设施。另一方面,越来越重视郊区规划和环境保护。再者,国外大都市纷纷出台一系列法律法规,用来加强规划管理,加大环境治理和保护力度,大力倡导可持续发展。③

(二)推进农业现代化、郊区工业化、乡村城镇化协同发展

日本东京、澳大利亚墨尔本、美国纽约作为国际大都市发展的代表,在20世纪50年代至70年代,城区范围迅速扩展到近郊甚至远郊,中心城区制造业、零售业等产业大批向郊区转移,人口加快向郊区扩散,郊区小城镇和各种规模的商业、工业、聚居中心大量涌现。表明了大都市区中心城市的扩张会推动农业现代化、郊区工业化和乡村城市化的协同发展,这种发展模式是国外大都市区协调发展的重点,是大都市发展的必然要求。

---

① 参见黄珊《国外大都市区治理模式》,东南大学出版社2003年版,第43页。
② 参见朱舜《行政区域经济结构与增长》,经济科学出版社2003年版,第192～193页。
③ 参见陈云、顾海英《国外大都市区域协调发展的基本特征及政府调控措施》,载《经济纵横》2006年第9期,第51～53、79页。

首先,郊区工业化发展可以实现城郊经济一体化。因为一方面,郊区工业化能为农业生产提供先进的机械设备,吸收农村剩余劳动力,推动农业现代化进程;另一方面,还能为郊区城镇化提供物质保障,支撑乡村城镇化所需的大量人力、资金和物资投入。如澳大利亚墨尔本在短期内通过新建和迁移来实现郊区工业化,把大多数大工厂都集中在墨尔本、富茨克雷、威廉斯敦及阿尔托纳等近郊区;① 小型企业特别是传统工业,如服装、首饰、印刷业则集中在城市中心及近郊。充分发挥了劳动力、土地、自然资源优势,积极承接中心城区产业转移,逐步建立起与中心城区分工合作、优势互补的产业体系。这样不仅可以全面带动郊区经济的发展,还可以逐步缩小城郊经济的差距。

其次,乡村城镇化可以实现郊区经济社会协调发展。如日本在20世纪60年代后,经济高速起飞,农村人口大量涌向东京、大阪、名古屋三大都市圈,城市近郊大量农田被占用,污染严重,农业生产条件恶化;加之农村人口大量外流,农业生产大幅下降。对此,日本制定了农村整治计划,加大对农村投资的力度,引导工业合理分布,促进农村开发。1970年至1977年建成了430个小城镇,20世纪80年代继续建设了450个小城镇。日本在推进村镇建设过程中,注意防止农村人口外流,大大促进了农村致富的过程,推动了郊区与城区协调发展。郊区依托产业布局,通过开展大规模城镇建设,逐步改变交通、通信等基础设施及公用设施落后的状况,改善居民居住条件和环境卫生的状况,形成产业布局与城镇布局互为依托的格局,将推动郊区经济社会协调发展。

最后,农业现代化是实现城郊协调发展的必要举措。三次工业化革命,让人们依靠现代化的装备手段解放了大量的农业劳动力,释放了大量土地用作其他的用途,最终实现了农业的现代化。以日本园艺生产为例,从播种到成品包装基本上实现了机械化操作,其蔬菜生产过程有52%实现现代化,花卉栽培过程有80%实现了现代化。现代化农业生产激发了高水平生产率,释放了大量农业劳动力和土地,为城郊协调发展奠定了坚实基础。

(三) 明确市、区政府之间的权责关系

在国外,大都市市政府和区政府之间有着明确的权责划分。一般比较普遍的执行方式是市政府只负责自己范围内的职能领域,市民身边发生的公共事务则交给区政府来处理。比如,伦敦的大都市区是由伦敦城和32个自治区组成,所以对于伦敦大都市来说,市政府主要承担战略上的城市整体发展工作,如交通、环保、土地规划、文物保护等;各自治市负责区域内具体的公共服务供给,包括街道照明、地方公园、垃圾回收等。这样,大伦敦市政府就从琐碎事务和局部利益中解脱出来,着眼于整个城市宏观福利的提升;而市区政府则可以根据本市区选民的需要从细处着眼,更好地满足社会的需要。作为大伦敦市政府与自治区政府之间权责划分的保障,伦敦大都市区还在财政来源上做了相应的安排。大伦敦市政府的财政收入主要来自中央政府拨款、使用者付费、财产税等,基本不会挤占自治市的税源,这有利于实现财产与事权的协调一致。

---

① 参见曾望军、刘飞跃《论我国大都市区域治理的经验借鉴与模式创新》,载《经济与社会发展》2010年第6期,第6~9页。

在美国，为了协调区域性矛盾，解决单一城市中政府无法解决的区域问题，很多大都市采取了在城市政府之上再建立一个统一的权威机构的策略，这个统一的权威机构就被命名为——大都市区政府。这个机构曾在20世纪50年代与70年代之间盛极一时，其标志是"华盛顿大都市委员会"与"双城大都市区议会"的存在。①

华盛顿大都市委员会（MWCOG）是在1957年成立的，其成立的初衷是华盛顿大都市区包括哥伦比亚特区（核心区）及马里兰州、弗吉尼亚州的几个市县，作为联邦首府所在地而受到相对强烈的政府调控影响，以及成员政府间存在较强的合作意愿，所以需要形成一个统一的正规组织来管理这个区域。现在的MWCOG已经是包括18个政府成员、120个雇员、年预算千万美元的统一正规组织。它主要负责从交通到环境保护众多规划的实施，同时还具有对联邦和州政府拨款的资金分配权，这样可以有效地解决公众关注的问题。

双城大都市区议会（MUC）是在1967年成立的，有数百个独立的地方政府单元，包括58个县、138个市、50个镇、149个学区、6个都市组织、22个特别法院，成立的初衷是为了解决这些众多繁杂机构产生的多样的区域矛盾。MUC议会中的17名成员都是由州长按照城市规模提名任命的。其主要职能是对大都市区的交通、空间用地、垃圾处理、机场、环保等事务进行长远发展规划；对一些都市组织（交通局、垃圾处理委员会等）进行监督，就某些重大问题为县政府和市议会提供咨询服务。实践证明，通过都市区政府管理都市区的最大优点是：它能够充分考虑都市区的各种功能联系，使政府在提供公共服务方面更加高效合理，从而有利于促进都市区的政治经济一体化。②

地方自治在西方自由市场国家中是一种非常普遍的管理模式。美国的地方自治和分权理念已经完全融入了政治文化当中。甚至有相关学者认为，对美国政治生活的研究只有在强烈的"反国家主义"政治传统这一背景下才能理解。美国的大都市区治理经历了单一政府、多中心治理和新区域主义三种模式，其基本趋向是区域自治与合作。纽约大都市区是地方自治的典型，整个大都市区内没有统辖全区所有事物的政府机构，中心城市、县和特区之间是平等和独立的关系，相互之间通过协商解决大都市区内的公共事务，比如，以合同方式解决辖区垃圾清运工作。即便是中央权力较为集中的法国，在大都市治理中也采取了地方自治与合作的模式。法国是半总统制国家，中央权力较为集中，政府的主导作用比较明显。但是在大都市治理中，法国中央政府没有采取自上而下的等级管理模式，而是以"社会发展合同"的方式与地方政府签订承包合同，通过经济手段与法律制度实现城市自主发展。③

在我们中国，因为受传统科层制模式影响，所以在都市治理方面就延续了上下等级关系分明的管理模式。市政府将整个大都市公共事务纳入一体化的管理体制中，对区政府及其公共事务管理有直接的领导权，而且这种领导关系获得了人事、财政与制度上的

---

① 参见黄勇《美国大都市区的协调与管理》，载《城市规划》2003年第3期，第32～36页。
② 参见陶希东、黄丽《美国大都市区规划管理经验及启示》，载《城市问题》2005年第1期，第59～62页。
③ 参见薛泉《国外大都市治理：模式、经验与借鉴》，载《上海人大月刊》2014年第5期，第52～53页。

保障。长期的这种相处模式,就使区政府和市政府之间的矛盾不断上升,到底是集权于市政府还是放权于区政府是一直以来面对的难题,其实症结归根结底就在于应该如何合理划分市、区政府的权责关系。

(四) 有效引入市场机制

政府的属性让它成为提供公共物品的最优选择,而保证公共服务均衡有效的供给是大都市政府的基本职责,但并没有任何逻辑理由证明公共服务必须并且只能由政府机构来提供。在现实生活中,政府提供的大部分公共服务既不是纯粹的私人物品,也不是纯粹的公共物品,而是介于二者之间的"准公共物品"。准公共物品并不具有完全的排他性和竞争性,因此,在理论上我们是可以利用市场机制来调配供给的。西方国家崇尚自由市场,即便在凯恩斯主义盛行的福利国家时代,自由市场理论依然不乏追求者。20世纪80年代以来,在英美国家兴起的新公共管理运动更是将市场与竞争理念推广到了几乎每一个公共事务领域。在市场化浪潮中,纽约市政府将电视台、电台、联合商城饭店等全部出售,改由市场提供。此外,合同外包、特许经营、凭单、补贴等也都是国外大都市普遍采取的市场化举措。不仅如此,大都市下辖的市区政府之间也通过"合约"方式解决共同面临的环境、犯罪、交通等问题。① 所以市场机制的引入,打破政府的垄断地位,建立公私机构之间的竞争是一种有效的解决方案,尤其是对于我们垄断的中国大都市公共服务供给来说。

(五) 发挥非营利组织的作用

非营利组织是与政府机构、市场机制相平行的一种制度安排,非营利组织是在政府失灵和市场失灵时必然和必需的存在。在国外的大都市制度中非营利组织是非常活跃的参与者,尤其是美国,其非营利组织数量有200多万个,其中认证身份的就有160多万个,占据了美国所有类型组织的6%还多。如果将美国的非营利组织组成一个国家的话,其国内生产总值将超过世界上的大多数国家,包括澳大利亚、加拿大、印度、荷兰和西班牙等。此外,美国政府财政经费的2/5乃至一半以上投给了非营利组织;其中,美国政府在健康保健(不含医院)、社会服务、住宅与社区发展、雇佣与培训、艺术与文化等所有公共事务项目的开支中,有42%给了非营利组织。国外的大都市治理中,政府主动放权,允许地方自治给非营利组织提供广阔的活动领域,为其发挥留足空间,甚至有的政府管理机构本身就是非营利组织。西方国家政府普遍把非营利组织视为维系社会均衡发展、减少社会不稳定因素、减轻政府负担的重要力量。

与西方相比,中国的非营利组织目前的发展空间和可用资源非常有限,相应的政策扶持较少,难以得到与事业单位同等的地位,于是产生了今天的"先天不足、后天畸形"的景象。部分地方政府迄今依然遵循"一地一会、一业一会"的等级管理原则,严重制约了非营利组织的发展。此外,中国的非营利组织被赋予了较强的政治色彩,民

---

① 参见陶希东、黄丽《美国大都市区规划管理经验及启示》,载《城市问题》2005年第1期,第59~62页。

间性与自主性不足，参与公共事务存在体制上的瓶颈，这些都不利于中国大都市治理主体多元化的发展。

（六）鼓动广大市民参与

国外的大都市治理很大程度上都是建立在公民参与基础上的地方自治。美国的公共参与和公共事务决策不但是大都市治理的一项基本准则，还是一种"习惯"。曾是美国著名钢铁工业城市的匹兹堡大都市区，有着"世界钢都"之称。这样的优势也给环境带来了不小的挑战。1943年，为了改善整个大都市的环境，市民自发组织了阿勒根尼社区发展会议，推动城市环境改良。同年，匹兹堡市和阿勒根尼县的社团联合会又组建了烟雾控制联合理事会，以进一步加强对环境污染的控制与治理。就这样，在政府和市区公民的长期努力合作下，匹兹堡大都市区不但环境污染已经根本好转，而且环境质量远远超过其他大都市区，成为"美国最适宜居住的城市"，这是多么励志的一个事例。大都市的这个"大"容纳了多种生活群体，多样的生产制造业，是一个公共生存空间。不论此空间中的市民参与是出于文化上的自觉，是出于利益上的驱动，还是出于体制上的要求，最终都会给我们带来好的结果；而匹兹堡环境治理中的公民参与动力来自前两者。[①]

四、对国内外相关研究的评价

国外大都市的治理模式不尽相同。从治理结构上看，有以大都市区政府为主的模式、以区域委员会为主的模式、以非政府组织为主的模式以及城市联盟模式，在治理流派上可以分为单中心主义模式、多中心主义模式和新区域主义模式，在体制上又有分散治理模式、整体规划模式和协商合作模式等。我们也知道大都市区是城市化发展到一定阶段的必然产物。自20世纪初以来，国外大都市区已经历了长时间的成长过程。一方面，大都市区由于具备商品和服务市场等方面的综合优势，因而其成长在推动经济发展方面具有十分重要的作用。对此，美国市长暨县长协会于2000年5月发表的一份分析美国大都市区在国家经济、政治、社会等方面起主导作用的报告，就直接以《大都市区经济：美国经济增长的发动机》作为报告的标题，凸显了大都市区的重要作用。另外，国外大都市区的成长过程同时也是一个不断应对矛盾与问题，寻求自治与权威、分散与集中、民主与效率之间最佳平衡的大都市区治理过程。在这一长期的过程中，国外大都市区治理研究基于大都市区治理实践所积累的丰富素材，揭示了城市化发展高级阶段的某些共性和规律，为后城市化国家的大都市区治理提供了有价值的理论启迪。改革开放以来，城市化的迅猛推进带来了我国大都市区的蓬勃发展，新时期我国大都市区治理应当在立足本国国情和大都市区实际情况的基础上，积极吸收国外大都市区治理研究所提供的理论智慧，借鉴国外大都市区治理的实践经验，以提升大都市区治理的绩效。[②]

根据前文的陈述，我们可以对国内大都市区治理研究状况做出两个方面的判断。一

---

① 参见薛泉《国外大都市治理：模式、经验与借鉴》，载《上海人大月刊》2014年第5期，第52～53页。
② 参见王旭《美国城市发展模式：从城市化到大都市区化》，清华大学出版社2006年版，第314页。

方面，随着改革开放以来尤其是近年来中国城市化的深入推进和大都市区的迅速发展，国内学术界对大都市区治理也从多个视域进行了分析，并且呈现了以下几个特点：①研究的视域不断拓展。从最初较为单一的人文地理学研究视域，到人文地理学研究、历史比较研究和政府过程研究等多研究视域的结合和并进，体现了国内研究者对大都市区治理的研究视域在不断拓展。②研究的程度日益深入。从一开始主要概略介绍国外大都市区治理理论和实践经验以及简单套用国外的理论和概念分析国内大都市区治理，到现在已经注重于对中国的实际构建有解释力的理论，注重根据大都市区的具体情境提出有实践指导意义的治理机制和对策，反映出国内研究者对大都市区治理的研究在不断深入。③研究的方法不断创新。从一开始局限于对大都市区进行较为简单的定性描述和治理对策分析，到现在已经开始注重综合运用定性比较、定量分析、实证调研等多种方法进行研究，也体现了研究方法和手段的多样化和创新。④研究日益回应实践的需要。从当前的研究文献来看，已初步改变了过去仅仅满足于简单介绍国外理论或对国内大都市区治理进行抽象分析的做法，而力图回应大都市区蓬勃发展对区域范围内合作提供公共产品和解决公共问题的迫切需求。尽管如此，国内大都市区治理的研究仍然滞后于大都市区蓬勃发展的实践需求，也落后于西方发达国家大都市区治理的研究。在一定意义上说，国内大都市区治理研究的文献还是对西方理论与实践的分析和引介较多，而对大都市区治理理论的本土构建与创新较少；对国内大都市区治理的宏观构想和抽象分析较多，而对具体大都市区治理的机制建构与微观分析较少。[①]

目前，中国大都市区仍在城市化进程推动下不断成长和发展，而在这条道路上因为要面临着提供公共产品和解决公共问题，难免会遇到大大小小的挑战与难题。所以，首先，我们必须加大对大都市区治理的研究，同时加强多学科和多研究视域的结合。尽管大都市区更多的是一个景观地理概念，然而，大都市区的治理却涵盖了人文地理学、城市规划、公共管理、经济学、社会学等多方面的内容，是非常复杂的。多学科和多研究视域的结合分析有利于避免单一学科和视域分析带有的片面性，从而更为全面准确地认识中国大都市区治理的一般规律和特殊要求，提高中国大都市区治理研究的科学性。其次，进一步突出政府过程视角的研究。考虑到政府在大都市区治理过程中发挥了主导作用，大都市区治理本身就是一个政府主导并与各种组织和个人进行合作以完成任务的动态过程，而这方面的研究现在还很缺乏，因此，尤其需要从政府过程的角度对大都市区治理进行系统的专门研究，从而有效回应大都市区治理实践的需求，不断提升大都市区治理的能力。最后，进一步注重研究方法的创新。上文已经指出，大都市区治理的研究方法在不断创新，但这主要是从中国大都市区治理研究的历时性过程而言的。实际上，相对于国外大都市区治理的研究方法和国内大都市区治理实践对研究方法的需要，国内大都市区治理的研究方法还显得比较滞后，需要大力创新。尤其要推进研究方法的规范化和科学化，这对于促进大都市区治理研究的国际交流以及为大都市区治理实践提供科学指导和政策建议都是非常重要的。

---

① 参见易承志《中国大都市区治理研究的视域分析及其启示》，载《行政论坛》2014年第6期，第92～95页。

第三节 基本概念界定

一、大都市

研究学界普遍对大都市的概念存在着较大的争议。有部分研究者认为，城市规模应该从人口规模的视角来进行大都市的界定。如黄文忠认为，由于人口数量及其比例是反映城市化水平与城市规模最直观和最突出的指标，因而，古今中外大多是以城市人口为划分城市规模的代表性指标。这样，人们往往把人口规模在 200 万人以上的大城市称为大都市。[①] 阎小培等人则以市区非农业人口数量达到 100 万人以上作为大都市的界定标准。这种界定强调了大都市的人口规模，也肯定了大都市是一种特殊类型的城市，然而忽略了大都市其他方面的构成特征，因为单单是人口规模和城市性质并不足以区分所有具备 200 万人以上人口规模的大城市究竟是否属于大都市。另有学者强调了城市功能在大都市界定中的作用，并在此意义上区分了世界城市和国际大都市。其中，纽约、伦敦、东京能够对世界大多数国家产生全球性经济、政治和文化影响，可被称为世界城市。而较这三个世界城市稍次一级的城市，主要是在某一区域内具有某些国际性功能，可以称为国际性大都市（international metropolis）。姚士谋等学者提出了国际大都市的四个特征：一是城市的国际性功能非常突出，并在相当长的历史时期中起显著作用；二是具有现代化的城市基础设施与市政服务系统；三是具有比较完善的市场经济体系和高度国际化的第三产业；四是具有现代化的运输系统，使城市与区域发展紧密相关。[②] 上述各位学者从大都市的不同方面较为直观地界定了大都市的规模、功能和地位特征。但是总的看来，界定还显得比较单薄，不能全面准确地揭示出大都市的本质属性以及不同大都市的特征差异。

在 2014 年的时候，易承志提出大都市概念涵盖了实体地域、行政地域和功能地域三种形式的地域，并主要表现为人口规模、行政关系和城市功能三个标准。在人口规模上，大都市一般要求管辖范围内的中心城区及临近的地域具备一定的人口规模，以人口规模来界定大都市能够使人们比较容易地获得对大都市的一个直观感受。但对于大都市的人口标准，并没有一个明确的界定，较多研究者将大都市的人口规模界定在 200 万人以上。在行政关系上，大都市由具有行政统属关系的层级地方政府组成。在城市功能上，一般包括对内和对外两个方面。对内功能是指在大都市辖区范围内相对统一地履行公共管理和服务功能，对外功能是指大都市在特定区域（地区、国家和国际）的政治、经济、文化生活中所具备的影响力和发挥的作用。一般来说，在对内功能方面，大都市的管辖范围和功能范围是一致的；如果存在不一致，那么则以二者的共同范围为大都市的实际范围。在对外功能方面，大都市通常描述的是那些在特定区域（地区、国家和国际）的政治、经济、文化生活中具有较高影响力，发挥着重要政治、经济、文化功能的

---

① 参见黄文忠《上海卫星城与中国城市化道路》，上海人民出版社 2003 年版，第 35 页。
② 参见姚士谋、帅江平《关于建设我国国际化大都市的思考》，载《中国科学报》1995 年 1 月 23 日。

大城市。据此，可以将大都市界定为其中心城区及临近地域具备一定人口规模（不少于200万人），由具有行政统属关系的一系列地方政府所组成的在一定范围内相对统一地履行公共管理和服务的职能，并在特定的区域发挥着重要的政治、经济、文化等功能的大城市。[①]

二、大都市区

作为一个重要的研究对象，学术界对"大都市区"概念的探讨与解释也是百花齐放。最早在1910年的时候，美国就提出了大都市地区（metropolitan district）的概念。1920年，美国人口普查局对大都市区的定义为："人口在20万以上的市及其周围人口密度每平方英里超过150人的地区。"1940年，美国人口普查局又调整了统计口径，将大都市区规定为中心地区人口达到50万以上，并由郊区环绕的人口密集区。据当年的统计，全美有140个这样的大都市区，占总人口的47.8%。1949年以后，美国继续对大都市区做了更加具体的规定以用于国情普查，并确定了标准大都市区（MSA）和1959年的标准大都市统计区（SMSA）的概念。两者定义基本相似，都规定了一个大都市区的统计区必须包括一个或两个具有一定聚集人口规模的中心城市，以及与中心地区有密切通勤往来的外围地区。有时，中心和外围地区的非农人口和产业等活动也有具体的定量规定。比如，外围县要有75%从事非农活动的劳动力，15%的人口必须满足于中心地区的通勤条件，等等。1980年，美国还规定了"基本大都市统计区"（primary metropolitan statistical area），以及包含几个"基本大都市统计区"的"复合大都市统计区"（consolidated metropolitan statistical area，CMSA）的概念。这些形形色色的概念说明美国大都市区蓬勃兴起的发展势头和它们在美国社会经济生活中日益突出的重要地位。[②]

在日本，都市区被定义为一个直径为200～300千米、人口数量达到3000万人以上，以1～3个人口数量为200万人以上的大城市作为中心城市，并且中心城市的地区生产总值达到整个区域的1/3以上的区域。类似的，在加拿大有"国情普查统计区"（CMA），在英国有"标准大都市劳动市场区"（SMCA），在澳大利亚有"国情普查扩展城市区"（CEUD），在瑞典有"劳动-市场区"，等等。虽然名称多种多样，但是含义基本类似，都反映了一种巨型城市发展的地域景观现状。

约翰·弗里德曼认为，"大都市区"是具有更广义特征的城市，一个大都市区是由一个核心城市和环绕四周的"城市场"（urban field）构成的。按照约翰·弗里德曼的看法，城市场是一种着眼于未来的、理想的城市空间形式，是由完善的社会经济联系网络演化成的有着相对低密度的、广阔的多中心区域结构。城市场包括了大多数居民的生活和工作空间。在通常的情况下，大都市的场域可以延伸至离核心城市100千米以外的范围，形成一个核心城市得以扩张的空间，大都市区也因此而成为一个整合的功能性或

[①] 参见易承志《大都市与大都市区概念辨析》，载《城市问题》2014年第3期，第90～95页。
[②] 参见王桂新《国外大都市区人口发展的相关政策及其借鉴》，载《世界地理研究》2002年第2期，第59～64页。

经济性的空间,囊括了实现城市机能良好运作所不可或缺的种种设施。①

中国学者周一星在 1997 年的时候提出,"大都市区"的概念实际上是一种城市地域的概念,反映了城市人口和各种非农业活动高度聚集的地域景观,是一个易于变动的、经常调整的表明中心城市与周围地区之间密切的经济和社会联系的概念。② 因此可以认为,大都市区不是一个政府或行政单位,也没有一个一致的行政区划界线。

刘君德教授较早开始探讨中国大都市区的管理体制,即大都市区的行政组织与管理问题。他按照"行政区经济"理论,解释了中国大都市区各地方政府在行政地位、行政区划、经济职能和公共设施上存在的畸形竞争和利益冲突。他还在为有中国特色的都市化地区进行各种地方政府关系的利益协调和公共服务提供的整合方面提出了不少改革思路。这些城市群区行政体制的改革思路在江苏"三泰""苏锡常"和海南等地,均得到了实践的检验。③

所以,我们可以把中国的大都市区理解为具有十分强烈的行政地域界定差异,不是一个松散的地域空间,而是呈现出强烈的、刚性的行政"樊篱"的区域。那么,毋庸置疑的是,世界上绝大多数大都市都有跨越其行政辖区的郊区,这些外围郊区与中心城市必定存在着一个共同的人口密集地带。这个大的人口核心以及与这个核心具有高度的社会经济一体化的邻接社区的组合,便构成了"大都市区"。所以,我们可以把大都市区简化为扩大的城市,是城市发展的一种状态,是具有影响力的中心城市与郊区城镇之间共同组成紧密关系的人口密集区。

三、大都市区治理

(一) 治理

英语中的治理一词源于拉丁文和古希腊语,原意是控制、引导和操纵。长期以来,治理与统治(government)一词交叉使用,并且主要用于与国家的公共事务相关的管理活动和政治活动中。自 20 世纪 90 年代以来,西方政治学家和经济学家赋予 government 以"治理"的新含义。治理也不再局限于政治学领域,而被广泛用于社会经济领域,不仅在英语世界使用,也在欧洲各主要语言中流行。④

治理理论的主要创始人之一罗西瑙(J. N. Rosenau)在其代表作《没有政府的治理》和《21 世纪的治理》等著作中将治理定义为一系列活动领域中的管理机制,它们虽未得到正式授权,却能有效发挥作用。与统治不同,治理指的是一种由共同的目标支持的活动,这些管理活动的主体未必是政府,也无须依靠国家的强制力量来实现。换言之,与统治相比,治理是一种内涵更为丰富的现象。它既包括政府机制,同时也包含非正式、非政府的机制。

---

① John Friedmann. Urban and Regional Governance in the Asia Pacific. The University of British Columbia Press, 1999.
② 参见周一星《城市地理学》,商务印书馆 1997 年版,第 40 页。
③ 参见刘君德、汪宇明《制度与创新——中国城市制度的发展与改革新论》,东南大学出版社 2000 年版。
④ 参见胡祥《近年来治理理论研究综述》,载《毛泽东邓小平理论研究》2005 年第 3 期,第 25~30 页。

大都市治理的域外观察

斯托克指出，治理是统治方式的一种新发展，其中的公私部门之间以及公私部门各自内部的界限均处于模糊状态。治理的本质在于，它所偏重的统治机制并不依靠政府的权威和制裁。治理的五个论点为：第一，它对传统的国家和政府权威提出挑战，它认为政府不是唯一的权力中心。各种公共的和私人的机构只要其行使的权力得到了公众的认可，就都有可能成为在各个不同层面上的权力中心。第二，治理意味着在为社会和经济问题寻求解答的过程中存在的界限和责任方面的模糊之点。它表明在现代社会，国家正在把原先由它独自承担的责任转移给各种私人部门和公民自愿团体，后者正在承担越来越多的原本由国家承担的责任。这样，国家与社会之间、公共部门与私人部门之间的界限和责任便日益变得模糊不清。第三，治理明确肯定涉及集体行为的各社会公共机构之间存在的权利依赖。进一步而言，致力于集体行动的组织必须依靠其他组织；为达到目的，各个组织必须交换资源，谈判共同的目标；交换的结果不仅取决于各参与者的资源，而且也取决于游戏规则以及进行交换的环境。第四，治理指行为网络的自主自治。第五，治理认为，办好事情的能力并不在于政府的权力，也不在于政府下命令或运用其权威。政府可以动用新的工具和技术来控制指引，而政府的能力和责任均在于此。

罗茨认为，治理意味着"统治的含义有了变化，意味着一种新的统治过程，意味着有序统治的条件已经不同于以前，或是以新的方法来统治社会"。"最突出的是，治理作为最小国家、社会-控制论体系以及自组织网络的用法。"他列举了六种关于治理的不同定义。第一种，作为最小国家管理活动的治理，它指的是国家削减公共开支，以最小的成本取得最大效益。第二种，作为公司管理的治理，它指的是指导、控制和监督企业运行的组织体系。第三种，作为新公共管理的治理，它指的是将市场的激励机制和私人部门的管理手段引入政府的公共服务。第四种，作为善治的管理，它指的是强调效率、法治、责任的公共服务体系。第五种，作为社会-控制论体系的治理，它指的是政府与民间、公共部门与私人部门之间的合作与互动。第六种，作为自组织网络的治理，它指的是建立在信任与互利基础上的社会协调网络。在对这六种定义分析的基础上，罗茨指出了治理的基本特征：①组织之间的相互依存。治理比政府管理范围更广，包括了非国家的行为者。②相互交换资源以及协商共同目的的需要导致的网络成员之间的持续互动。③游戏式的互动以信任为基础，由网络参与者协商和同意的游戏规则来调节。④保持相当程度的相对于国家的自主性。网络不对国家负责，它们是自组织的。尽管国家没有专门的最高权力，但有它能够间接地并且在一定程度上控制网络。

1995年，全球治理委员会发表了一份题为《我们的全球伙伴关系》的研究报告。该报告是这样对治理予以界定的：所谓治理，是各种公共的或私人的机构和个人管理其共同事物的诸多方式的总和。它是使相互冲突或不同的利益得以调和并且采取联合行动的持续的过程。这既包括有权迫使人们服从的正式制度和规则，也包括各种人们同意或认为符合其利益的非正式的制度安排。它有四个基本特征：①治理不是一整套规则，也不是一种活动，而是一个过程；②治理过程的基础不是控制，而是协调；③治理既涉及公共部门，也包括私人部门；④治理不是一种正式的制度，而是持续的互动。

综合各家所言，斯托克的观点最全面，全球治理委员会的界定更具有权威性。治理理论最突出的特点就是要求人们重新理解政府。传统观念认为，公共事务的管理权属于政府，行政部门实行科层制，整个行政权最终集中到单一的最高权力中心。而治理理论认为，这种对政府的理解是极其片面的，并提出了自己的观点：首先，政府具有多中心和复杂性。事实证明，任何国家的公共事务管理中心从来就不止一个。何况，福利国家对公共服务职能的强调，使得大量从事生产和经营性活动的国有、国营部门出现在公共领域，增加了政府的复杂性。其次，在公共服务的供给中，私营和志愿性机构越来越多地参与服务供给和战略性决策。过去几乎全然属于政府的责任，现在已由多种组织与机构承担，比如签约外包、公私合营等方式已在很多国家流行。在对待社区治理、环境资源、公共工程等方面，私营和中介组织的作用越来越明显。事实证明，现实中的政府既非按照宪法或制度规定的那样运作，也非"孤独的"与广大社会机构和社会中介组织没有关系的机构。所谓公共决策，大部分是由众多有势力的利益集团和组织共同制定。在某些领域，非政府组织、利益集团甚至个人比政府拥有更大的优势。简而言之，传统的理论认为统治的权威必定是政府，统治的主体一定是公共机构；而治理理论认为治理虽然需要权威，但这个权威并非一定是政府，治理的主体可以是公共机构，也可以是私人机构或者二者之间的合作。治理是政治国家和公民社会的合作、公共机构与私人机构的合作、强制与自愿的合作。最后，管理过程中存在运行方式的差异。传统社会，政治统治的权力运行方向总是自上而下的，它运用政府的政治权威，通过发号施令、制定政策和执行政策，对社会公共事务实行单一向度的管理。现代社会，治理则是一个上下互动的管理过程，它主要通过合作、协商、伙伴关系、确立认同和共同的目标等方式实施对公共事务的管理。治理的主要特征"不再是监督，而是合同包工；不再是中央集权，而是权力分散；不再是行政部门的管理，而是根据市场原则的管理；不再是由国家'指导'，而是由国家和私营部门合作"。治理的实质是建立在市场原则、公共利益和认同之上的合作。其权力构成及运行机制是多元的、相互的而不是单一的和自上而下的。

如果说传统的政府管理的制度平台其构成要素是无限政府、人治政府、专制政府和集权政府，与此相反，有限政府、法治政府、民主政府和分权政府，则构成了现代政府治理的制度平台。就公共行政主体之间的关系而言，斯托克指出，政府与各个社会公共机构、个体之间存在着权利依赖和互动的伙伴关系。正是因为如此，治理理论指出，所谓公与私、政府与社会、政府与市场的责任界限实际上是相当模糊的。换言之，行政主体应负的行政责任是模糊的。为此，治理理论指出，公共管理的行为者是由包括政府在内的众多机构和个人组成；当前各国政府进行的改革运动，无非是重塑政府，重新界定政府的权限范围及其行使方式，而我们所要做的是从纷繁复杂的实际情况中去发现行政的新规范。

在全球化的背景下，治理作为促进参与、透明度和问责性的制度模式被推广到各个层面，企业、城市、政府以及全球均致力于寻求治理体制的改善，以达到更佳的效益和适应时代急剧转变的要求。因此，当人们将治理的分析框架应用于大都市管理层面时，大都市治理理论便应运而生。①

---

① 参见张红樱、张诗雨《国外城市治理变革与经验》，中国言实出版社2012年版，第14页。

（二）大都市区治理

世界上多数国家的城市是由城市政府进行管理的，管理的主体是各个地方政府。尽管大都市区治理并不完全涵盖城市政府的全部职能，不过，对大都市区治理概念的理解，还要以明确城市政府的概念和基本职能为前提。

城市政府是一个多重的概念。从广义上讲，城市政府主要是指对整个城市承担集中统一管理职责的政府机关，其基本含义大致是：依照宪法或法律规定，定期选举与组建的行政组织的决策机构。这个决策机构在西方是指政务官范畴，在中国是指城市人民政府的组成人员。城市政府实际上是指管理城市的国家机关的总和。在横向上，除了决策机关以外，还排列着它领导下的管理各专业行政的职能机构和为城市政府决策服务的各直属办公机构；在纵向上，贯穿着一级政府（市政府）、二级政府（区政府），甚至还有三级政府（乡或镇政府）等。城市政府具有三个主要的特征：①城市政府是城市行政建制单位行政组织的决策机构，是国家认可的政治实体；②城市政府是享有宪法和法律所规定的权利及各种义务的政治实体，在国家的政治体制中，具有一定的行政地位；③城市政府是城市的国家行政管理的组织系统，横向展开与纵向贯穿都是一个大的网络，笼罩着社会生活的方方面面。为了实现城市的特定目标，城市政府依据协同原则的要求，采取上下齐心、左右配合的办法，在所辖区域内，调动行政管理各方面的力量一起运作。

大都市区治理，英文为 metropolitan governance。目前，学术界在探讨大都市区治理问题上根据具体案例的不同，治理研究的侧重点也略有不同。概括起来，主要有以下几种说法：

（1）大都市区就是一个巨大的城市，大都市区治理的主要立足点为已经发展成相当规模的特大城市，这些城市曾经或已经形成一个大都市区的整合政府，如伦敦、多伦多、曼彻斯特等。一些学者较注重研究大都市区的整合政府或组织，以及涉及的规划和区划问题。如著名的巴罗（I. M. Barlow），就是主要将大都市区的中心城市与周围各地方政府的整合组织作为研究主体的。其观点见于其专著《大都市区政府》中，他将大都市区整合政府和其他多种管理形式作为研究对象，以一种历史的角度探讨其发展和演变的过程。此类研究者在西方，主要是主张整合政府的一些学者；在东方，因为集权的历史传统，则更为多见。

（2）大都市区主要体现为以大都市为中心的整个区域内中心城市与郊区之间的分合问题，以及其间的政治、服务、规划、居住等各方面的空间分异和协调关系。持此类观点的学者，主要将对大都市区治理的探讨置于如何协调地方政府间松散的（不一定要在行政上整合成一个统一的政府）关系等问题上，此类研究者在西方居多。

（3）大都市区是一个扩大的城市，所有的问题多是因为范围扩大而导致，所以由于城市地域扩大引发的城市问题，也是大都市区的问题。该类研究主要针对整个大都市区域比较显著的政治、经济和社会问题，以美国国家研究委员会（National Research Council）负责的"以大都市区治理改善美国城市未来发展促进会"（The Committee on

Improving the Future of U. S. Cities Through Improved Metropolitan Area Governance)① 的研究最为典型,其认为大都市区治理是在一个扩大的大都市的政治空间里,运用政府的制度和规程,在公众参与政策制定、资源分配及其一切事务的政治过程中的管理决策过程。

(4) 大都市区就是从地域概念上理解的大都市,一切存在于这个区域之内的问题都是大都市区的问题。此类研究主要将大都市区作为一种必然的现象来看待。所以,凡是有关社区、公众、企业和政府,以及规划、服务、社会矛盾等方面的所有问题,只要发生在一个范围广大的都市区域内,都属于治理的研究范围。这类界定并无局限,许多学术会议和研讨会的论文集,多以此为范畴,内容包罗万象,无一类同。

约翰·弗里德曼也对大都市区治理进行了定义。他认为,一个拥有数百万居民的大都市区,是一个互相关联的经济空间,也包括县、市、乡、镇等不同的政治和行政空间,正是这些政治和行政空间(不一定是整合的政治或行政空间)成为治理的主要运作空间。②

本书认为,大都市区是城市发展的一个较为高级的阶段,从这一点出发,本书较为赞同第三种观点,即大都市区就是扩大的城市。另外,由于治理主要涉及公共事务管理之类的问题,大都市区治理,就必然是一个研究在大都市区域如何进行公共事务协调的问题;因而,政府行为和管理程序、大都市区内政府之间的关系,以及相关的各种政治过程,都可以作为主要研究内容。于是,第二种观点也给本书一定启示。考虑到多数亚洲集权传统国家中,地方政府关系较为简单(相对于西方自治的地方政府),大都市区域问题主要还是一个由大都市区的人口膨胀所导致的,尚没有扩大和复杂化的城市问题。大都市区实际上是一种客观存在的城市景观,不能因为行政界线的原因而割裂其本来已有的经济联系,因此,大都市就是大都市区,第四种观点也有其合理性。目前世界上,尤其是欧洲和北美的很多大都市区,都存在或准备设立大都市区政府,因此,一个整合的大都市区政府可作为主要研究对象,即巴罗的观点,无疑也是对的。

所以大都市区治理,可以认为是发现和采用一种机制,建立一种整合的政府或专门的机构和委员会,运用和动员社会及非政府组织的力量,在充分尊重并鼓励公众参与的情况下,进行的一种解决大都市宏观和微观区域问题的政治过程。(见表1-1)

---

① Alan Altshuler, William Morrill, Harold Wolman, et al. Governance and Opportunity in Metropolitan America—the Committee on Improving the Future of U. S. Cities Through Improved Metropolitan Area Governance. National Academy Press, 1999.

② John Friedmann. Urban and Regional Governance in the Asia Pacific. The University of British Columbia Press, 1999.

表1-1 大都市区治理发展脉络一览①

内容	20世纪早期	20世纪50年代至80年代	20世纪90年代以来
发展阶段	早期研究，未形成治理体系流派	形成研究体系，区域发展和管理问题，未提出"治理"一词	大都市区治理全面研究，产生新流派
代表思想	相关研究，中心地理论、区域规划理论	区域主义、整合理论、多中心理论、二元经济结构论、增长极理论、区域竞争力等	新区域主义、政体理论、治理、地域重划、城乡均衡发展理论
代表人物	克里斯泰勒（W. Christaller）、阿伯克隆比（Abercrombie）、盖迪斯（Patrick Geddes）	恩斯特·哈斯（Haas Ernst）、詹姆斯·布坎南（James Mcgill Buchanan）、刘易斯（W. A. Lewis）、佩鲁（Francois Perroux）、麦克尔·波特（Michael Porter）等	诺曼·帕尔默（Norman D. Palmer）、戴维·鲁斯克（David Rusk）、库克（Cook）、尼尔·布伦纳（Neil Brenner）、贝阿特·科勒-科赫（Beate Kohler-Koch）、麦吉（McGee）等
涉及领域	地理学、社会学	地理学、社会学、政治学、国际关系、区域规划	多学科、多领域
主要内容	系统规划方法，公众参与，大区域规划，中心地等级服务网络等	区域行政整合、建立大区域政府、多要素整合的地区竞争力提升、强调区域不平衡增长	注重多方面合作、多利益协调与自下而上的过程；全球、国家、区域尺度的变化使权力、利益得以协调，强调区域的均衡协调发展。欧洲一体化、北美自由贸易区协作、亚太经合组织协作
主要实践	大纽约市成立大伦敦规划	纽约、华盛顿等大都市区规划、行政区划调整、部门合并。泰晤士河、莱茵河等水污染治理	大都市连绵区治理与均衡发展
发展阶段	—	早期区域规划、工业布局研究、未涉及大都市区治理问题	ICPR（莱茵河国际保护委员会）等多国协作流域治理组织大都市区治理的引入和全面研究

---

① 参见张衔春、赵勇健、单卓然等《比较视野下的大都市区治理：概念辨析、理论演进与研究进展》，载《经济地理》2015年第7期，第6～13页。

续表1-1

内容	20世纪早期	20世纪50年代至80年代	20世纪90年代以来
代表思想	—	国外思想借鉴、国内早期研究	区域主义、新区域主义、治理与善治、不均衡发展理论
代表人物	—	严重敏、宋家泰、陆大道、谢庆奎等	俞可平、陈瑞莲、顾朝林、张京祥等
涉及领域	—	地理学、政治学、城市规划	多学科、多领域
主要内容	—	中国城市群空间体系、政府间关系研究、点轴渐进理论等	行政区划调整、城镇体系研究、区域规划方法理论、城市群空间结构、政府间横向纵向关系
主要实践	—	中国工业布局、全国国土总体规划、三线建设等	各城市群区域规划、各城市群联席会议、行政区划调整等

第四节 理论基础

一、大都市区治理理论

"治理"研究最早可追溯到20世纪早期的欧洲地理学及社会学领域，但"大都市区治理"成为跨学科学术热点的时间却很短。"治理"理念的出现与既有范式失灵密切相关，政体理论、公共选择理论、有限政府理论、新自由主义等理论范式均受其影响。20世纪50年代以来，学术界对"区域发展、公共管理"议题的探讨深刻影响了大都市区治理理论的形成。1990年以后，全球化步伐的加快和欧盟的一体化发展，促进以"新区域主义"（new regionalism）为代表的现代治理理论崛起，大都市区治理的内涵、路径、体系也得到进一步完善，并开始注重既有实践的理论化。

（一）20世纪50年代后的"区域主义、区域发展"问题

始于20世纪50年代的"区域主义、区域发展"研究对"大都市区治理"理论发展产生了重要影响。区域主义、区域一体化、政体理论、公共选择理论、区域竞争力等理论思想，大都市区、城乡关系等新视角，共同促进了其最终形成与发展。

区域一体化理论鼻祖恩斯特·哈斯认为，区域经济一体化将逐渐向政治一体化过渡，认为"整合"的区域主义是解决民族国家问题的重要途径，为"政体理论（regime theory）、新区域主义"的产生奠定了基础。经济学家A.赫希曼认为，区域增长与其不平衡性相伴而生，刘易斯的"二元经济结构论"、佩鲁和弗农的"增长极理论"（growth pole theory）及其变体"中心-外围理论"（core-periphery theory）等均是区域发展研究

的经典论断。20世纪60年代由詹姆斯·布坎南创立的"公共选择学派"强调市场的作用，反对政府干预，打破了整合政府主导的"单中心"模式。保罗通过研究美国政府的纵向和横向关系，指出政府间关系受到法律和政府间竞争动力的影响。波特在《国家竞争优势》等论著中提出"钻石模型"，标志着管理主体多元化、治理手段现代化等思想的开端。地理学家戈特曼聚焦美国多核心、多层次的大都市带（megalopolis），研究视角由城市向城市群区域问题转向。

（二）20世纪90年代后的"新区域主义"

20世纪90年代后，全球社会经济发展呈现网络化、复杂化、多元化等特征。在这一背景下，欧盟、北美自由贸易区等联合体的兴起对区域事务处理方式提出了新的挑战。以诺曼·帕尔默、戴维·鲁斯克、比约恩·赫廷等学者为代表的"新区域主义"研究为解决区域问题提出了新的思路，新区域主义强调"区域熔炉性、自上而下、多层次网络协作"，其特征可概括为：治理手段、多部门、过程性、协作性、网络化结构。"地域重划"理论是新区域主义理论的深化和拓展，麦吉 Desakota 模型、道格拉斯的区域网络模型等区域均衡发展理论的出现，也可以认为是新区域主义理论在复杂多元制度地域下的变形与应用。

系统的治理理论形成于1990年以后，罗西瑙、罗茨、斯托克等人探讨了"治理"的内涵。罗西瑙认为，治理是共同目标支持的、管理主体不确定的活动；斯托克概括了治理的五个要点，即主体多样性、界线责任模糊性、公共服务外包普遍化、参与者自主网络的形成、政府手段多样性。国内学术界20世纪90年代引入"区域治理"理论，俞可平、陈瑞莲、顾朝林等学者对治理理论、区域公共管理、大都市区治理等展开研究。2000年，顾朝林在南京城市区域管制会议上将"治理"引入地理学。目前，"大都市区治理"已经成为政治、经济、公共管理、地理学等多个领域的研究热点。

二、经验类化（迁移）理论

经验类化理论又称"概括化理论"，是由贾德（Judd，1908）提出来的。这个理论认为，只要一个人对他的经验进行了概括，就可以完成从一个情境到另一个情境的迁移。迁移发生的主要原因，不在于任务之间的表面的相似性，而在于是否获得对有关知识的概括化的理解。贾德在1908年所做的"水下打靶"实验，是经验类化理论的经典实验。他让五年级和六年级的小学生参加实验，分成两组，要他们练习用标枪投中水下的靶子。在实验前，对一组讲授了光学折射原理；另一组不讲授，仅从尝试中获得一些经验。在开始投掷练习时，靶子置于水下1.2英寸[①]处。结果，讲授过和未讲授过折射原理的学生，其成绩相同。这是由于在开始的测验中，所有学生都必须学会运用标枪，理论的说明不能代替练习。当把水下1.2英寸处的靶子移到水下4英寸时，两组的差异就明显地表现出来。未讲授折射原理一组的学生不能运用水下1.2英寸的投掷经验来适应靶子位于水下4英寸位置时的投掷练习，错误持续发生。而学过折射原理的学生，则

[①] 1英寸等于2.54厘米。

能迅速适应水下4英寸的学习情境,学得快,投得准。

对此,贾德是这样解释的:理论曾把有关的全部经验,包括水外的、深水的和浅水的经验,组成了整个思想体系。学生在理论知识的背景下,理解了实际情况以后,就能利用概括了的经验,去迅速地解决需要按实际情况做分析和调整的新问题。

贾德以实验研究了原则和概括性的迁移后认为:两个学习活动之间存在的共同成分,只是产生迁移的必要前提,而产生迁移的关键是学习者在两种活动中概括出它们之间的共同原理,即在于主体所获得经验的类化。所以,贾德的学习迁移理论又称概括化理论。[①]

三、城市群体理论

有关城市群体的理论,在20世纪初工业化阶段就出现了。首先是英国城市规划学者在1915年就提出过集合城市的概念,后来德国的地理学家克里斯泰勒(W. Christaller)在1933年提出了著名的中心地理论,此外,他和韦伯等人还先后提出了工业区位论。这些理论长期以来对城市地理的研究以及城市建设的理论和实践都有着重大影响,当然也可以称之为城市群和城市体系的基本理论。在研究工业区位论的学者中,不管是最低成本学派代表人物韦伯(Weber)、运输费用学派爱德加·M. 胡佛(Hufer)、市场区学派夏·佛尔(Ferle),还是边际区位学派E. M. 罗斯特朗(Rosstong)等,他们或者不考虑地理与政治条件的空间差异而企图建立一个适用于任何工业部门、任何经济制度或政治制度的"纯理论";或者过分强调了一种或某几种经济因素的作用,或者干脆否定经济原则的根本影响而认为工业区位论的确定依赖于个人的心理因素;因而都不免各执一词,失之偏颇。但是,这些学者从宏观、微观或从历史资料的静态、动态进行分析,对各个影响工业区位的因素及其作用大小,工业区位对于城市群形成的作用,对工业区位形成和变迁的规律,提出了大量有价值的理论、分析、模型、公式和研究方法,都是具有一定的时代价值的;尤其是对各种不同环境下现代城市的合理选址、职能及规模都有所研究,并且在近几十年的城市体系研究与建设中,付诸实践,得到了较大的社会效益。[②]

第五节 写作方法和思路

一、写作方法

大都市治理研究涉及面广,内容丰富,要素众多。本书拟采用综合性的研究方法,从空间组织的要素分析入手,运用区域经济学、经济地理学、城市经济学等相关理论和方法来研究大都市的治理。具体采用以下研究方法。

---

① 参见陈琦、刘儒德《当代教育心理学》,北京师范大学出版社2007年版。
② 参见李廉水、[美] Roger R. Stough《都市圈发展——理论演化·国际经验·中国特色》,科学出版社2006年版,第18页。

（一）文献研究

文献分析是以系统而客观的界定、评价、综括证明的方法确定过去事件的确实性和结论，可以有效地帮助我们了解过去、洞察现在、预测将来。通过运用传统方式和互联网收集国内外大都市治理研究的文献资料，特别是通过国外网站下载最新的外文资料，了解国外最新的研究成果和研究动态。

（二）案例研究法

很多时候纯文字的介绍与书写并不能让读者很快了解内在的含义，借助案例分析，一方面可以让读者简单快捷地明白其含义；另一方面也会给枯燥无味的文字带来生机，从而更加吸引读者的注意力。加上本书是以大都市治理的国际经验为背景的，那就更加要引入国外的实际治理案例来介绍分析大都市的治理之道，这样才能归纳总结出可以借鉴推广的经验。

（三）静态分析和动态分析相结合

大都市是一个动态演变的过程，因此，必须采用动态分析方法才能更好地把握其发展的动态过程和趋势特征。特别是在由传统工业社会进入信息社会时，大都市空间组织具有许多新的变化特征，对其未来的发展趋势也应做出科学的预测。与此同时，都市化演变的每个阶段也有相对静止的瞬间，从静态的角度深入分析各要素的空间组织特点和结构模式也是十分必要的。

（四）理论研究和实证研究相结合

通过理论研究和一般经验总结，找出事物的内在规律性，并在理论上得到提高。如对都市空间的形成演变机制进行理性探讨，对都市全空间结构模式进行归纳总结，对全球化、信息化和可持续发展背景下都市发展趋势进行科学预测等。

二、写作思路

大都市的形成和演变是社会经济发展的必然产物，也是国家区域政策积极引导的结果。随着经济全球化和新技术革命的快速发展，大城市将突破原有的空间结构尺度，大都市作为新的经济体系中的空间地域单元将发挥重要作用。大都市的发展在西方国家有着近百年的历史，西方学者都对大都市空间发展的特点、趋势、动力机制、模式等进行了较深入的探讨。尽管西方国家的社会经济制度与中国有着巨大的差异，但西方学者对城市空间发展的理念与城市空间演变过程中的普遍规律和规划对策的探讨，以及西方学者特别注重的对各种交易活动、信息传播等城市中心性职能与产业转换带动的劳动力结构变化等方面的研究对我们是富有启发性的。而且，发达国家的经验表明，需要相当多的资源来保证大都市带的有效运行，并且研究国际大都市在产生经济效益的同时伴生出的一些严重的社会环境问题，这对我国大都市发展有着重要的借鉴意义。因此，对大都市带的引导、调控研究已逐渐成为新的研究热点，同样这也应该成为今后在这一领域研究的重点。所以，本书以大都市治理为大背景，对欧洲、美洲、亚洲、非洲、大洋洲这五个大洲中的大都市的治理特征和经验进行剖析，归纳总结出我国大都市治理可以借鉴的经验与教训。

第二章 欧美国家大都市治理的特征及其经验

第一节 美国纽约的大都市治理

美国随着工业化的大规模开展和交通运输网络的改善,在19世纪40年代开始,城市人口的增长就开始远远超过农村人口的增长,城市自此进入了加速发展中。到了1920年,居住在城市中的美国人口超过了50%(达到了51.2%),单个城市的规模也在急剧扩大,出现了许多大都市。例如,在1898年的兼并与融合中,纽约的面积由1890年的44平方英里[①],急速扩大至299平方英里,加上便利的交通以及作为运输中心的历史地位,使它成为19世纪后期和整个20世纪移民的重要集聚地。在20世纪初,纽约就成了世界级的大都市。经过长时间的发展,纽约当前已经是世界政治中心、经济中心、金融中心、文化中心、信息中心和航运中心。

美国纽约大都市圈作为全球五大都市圈之一,其影响力不仅体现于纽约都市内部,同时其对美国整体经济的发展也起到了巨大的推动作用,甚至成为全世界经济发展的引擎之一。美国纽约大都市在其发展的百年历史中经历了经济的繁荣和衰退,其在不同时期所采取的发展规划与应对策略是全世界各国都市圈发展的典范,其发展的经验和教训非常值得各国借鉴。

一、纽约的大都市治理观察

纽约大都市圈的发展可以追溯到1601年,迄今为止已有400多年的历史。纽约都市圈今天在美国整个经济体中不仅占有举足轻重的地位,同时也具备美国政治文化中心的能力。纽约发展的本身已经是一个城市、一个区域发展过程的历史记录,同时,其发展模式和经验已经成为世界各地都市圈发展的典范。

(一)纽约大都市圈空间结构

纽约大都市圈在经历了两次工业革命和信息革命的变革后,城市整体布局逐步优化。所以,纽约大都市圈城市空间结构的布局,是当今区域经济学家,特别是城市经济研究学者研究的重点,更是成为处在高速城市化发展进程中的各个国家的学习对象,值得深入研究和细致探讨。

1. 多核型的都市圈结构

纽约大都市圈是典型的多核型都市圈,也叫"圈中圈"。它是指在一个大都市圈内,由三个或三个以上的城市共同分担区域经济功能,每座城市都担当其中的一部分功

---

① 1平方英里等于2.59平方千米。

能。在多核型都市圈中,中心城市彼此间形成紧密的经济联系,交通体系呈现网络化布局,由高速公路、铁路和快速地铁相连接。在这种类型的都市圈中,各中心城市的经济实力均衡,通过经济辐射和吸引形成一体化的生产和流通经济网络,提升整个都市圈的竞争力。纵观整个纽约城市圈,它的层级结构类似一座金字塔:塔尖是纽约,第二层级是波士顿、费城、巴尔的摩和华盛顿这四个大城市,再下面则是围绕在这五座核心城市周围的40多个中小城市(见图2-1)。五大核心城市各具特色,错位发展,相互补充,纽约与周围城市合理的地域分工格局和产业链的形成,成了这一都市圈发展的基础和保障。

图2-1 纽约多核型的都市圈结构

2. 超前的城市规划理念

纽约市城市规划管理具有极强的法规性和计划性,是强制性的要求,但是却不缺乏长远的规划性。纽约城市的规划侧重于让城市有秩序、有条理地综合发展。因此,纽约大都市区的规划往往着眼于未来长期的社会经济发展趋势,从人口增长态势、能源供给、环境保护以及经济发展走势等方面,进行分析和预测,从而为制定城市总体规划提供科学依据。强制性与选择性内容相结合,不仅使规划具有权威性和规范性,而且又兼顾了灵活性。

3. 整体性的城市布局

随着城市之间的联系日益密切,彼此间的竞争也在加强,因此,各个城市从自身角度出发制定市区规划就很容易造成重复建设、资源浪费和过度竞争的问题。纽约都市圈十分注重城市间、区域间的规划协调,通过合理规划来建立城市之间的协调机制,实现整合发展,纽约区域规划协会的成立使得这样的长期规划得以实现。从1921年至今,经过三次区域规划建设(见表2-1),许多涉及区域规划及经济互补发展等的重大问题实现了协调统一,特别是建立了区域发展的协调机制,形成了分工合理、良性竞争的产业发展格局。从三次大都市圈的规划来看,纽约大都市圈的规划始终关注城市的整体联动和区域协调。圈内的各个城市根据自身地理位置的产业优势,错位发展,五个联合的大都市区之间有着比较明确的职能和分工。纽约大都市圈在世界城市中的地位以及对世界经济的影响能力,就来自大都市圈内的功能格局。

表2-1 纽约大都市圈三次规划的主要内容

次序	编制时间	规划背景	规划主体	规划思路
第一次	1921—1929年	需要解决城市无序蔓延、开敞空间缺乏等问题,奥姆斯特德、纽约港务局等规划思想与实践的前期铺垫	再中心化	将城市功能布局原理应用于大都市圈规划,提出加强CBD(中央商务区)建设,建立区域的公路网、铁路网和开放空间系统
第二次	1968年	"二战"后,以公路建设为导向,低密度郊区迅速蔓延,形成"铺开城市"	铺开的城市	强调大都市圈的"再聚集",复兴旧城,修改新住宅政策,继续关注区域景观与交通
第三次	1996年	20世纪末,纽约国际金融中心地位受到威胁,社会出现分化,环境质量下降	3E [economy(经济)、environment(环境)、equity(公正)]先行	规划理念重大改变,提出3E目标,将经济与环境、公平目标同等重视;并实施五大战役,实现其可持续发展

(二)纽约大都市圈产业结构功能变迁

纽约大都市圈从形成发展到目前的成熟阶段,经历了工业革命、科技创新直到20世纪90年代初的信息"新经济",从原来全美国的工业制造业中心转变为目前全球的金融、科技中心,这与区域产业结构的发展和转型是分不开的。

1.动力机制——科技创新

从本质上来说,都市圈的形成和发展是现实生产力发展的一个直接结果,一切社会的经济增长,其本质都是一个现实生产力不断发展的动态过程,而生产力的发展需要科学技术的进步才可以实现。可以说,科技进步是现代各种经济体得以持续长久发展的本质动力,同时也是都市圈得以形成和发展的源泉。纵观包括纽约大都市圈在内的世界其他都市圈的成长可以看出,每一次技术革命都会将区域经济向前推进一大步,推动产业结构功能不断升级和完善,所形成的新兴产业在此后数十年中都会成为该地区乃至整个国家的经济支柱。事实上,都市圈经济作为一个整体本身就是科技进步在现实经济中的体现,都市圈内的产业、行业、技术分工等方面的结构就可以说明当前生产力的水平与科技水平。因此,都市圈经济结构的变化与发展,是由现实生产力的结构状况决定的,它从总体上制约着社会经济增长过程的各种结构。因此,科技进步作为生产力发展的推动力,也是都市圈经济发展的核心的动力机制。

2. 促进机制——产业结构升级

20世纪七八十年代,随着纽约金融服务业的发展以及传统支柱产业制造业的衰落,使得在中心城市投资收益率很低的制造业必须转移到周边城市。从中心城市里转移出来的产业对于周边城市而言,仍然有生存空间和发展潜力,而且周边城市具有相对较高的投资收益率,这对转移出来的传统产业来说有较强的吸引力。因此,周边城市通过接受转移产业的植入,实现了城市产业结构升级,形成了产业的梯度发展。随着产业功能的迁移而改变的是人口转移。然而,人口转移是双向的,既有从周边城市向中心城市涌入,也有从中心城市向外分散迁移。当然,从事制造业生产的劳动者随着工厂向外迁移,他们从市中心来到郊区,而从事金融服务业的劳动者则更多地向中心城市集中。产业和人口向中心城市集聚推动了产业结构升级,促进了都市圈内部资本、劳动和技术结构的优化重组,合理配置资源禀赋的结构,也使得政府、企业、家庭以及个人的需求结构更为合理。产业结构升级调整的过程也是都市圈城市空间布局发展的过程,促进圈域经济的布局更合理,推动圈域经济发展。

3. 保障机制——政策与规划

都市圈的产业结构升级是都市圈形成的内在机制。要加快都市圈的形成必须要有一个能够统领圈内城市的由政府部门主导的组织协调机构。从纽约大都市圈实际的发展和演变来看,其通过为了促进纽约大都市圈的发展而成立的纽约区域规划协会(Regional Plan Association of New York)来协调和发展都市圈规划。此外,政府的长期规划也是十分重要的。都市圈发展规划是一定时期内,政府部门需要对都市圈的经济发展、社会结构、空间布局以及各项经济发展过程中出现的问题进行综合部署和具体安排,是都市圈建设和发展的主要依据。纽约大都市圈经历了三次大的规划,每一次合理的规划都要保证能够统筹安排圈内社会、经济与环境等各项要素,注重城市区域的空间布局和产业布局的协调发展、城市间要素合理有序流动,符合当地的经济发展水平,使都市圈综合竞争力不断提高。而且,都市圈的发展都紧跟时代潮流,当涉及环保、污染治理以及重大基础设施建设等问题时,便需要都市圈各个部门的通力合作。规划对未来的变化有合理预期,明确未来的环境质量和生活质量,以保证都市圈的可持续发展。

4. 协调机制——城市错位发展

实际上,都市圈经济是利益系统,其内部各个城市之间不可避免地存在着激烈的竞争关系。然而,发展建立都市圈并不是要抑制这种竞争,而是要将这种竞争转化为共同发展的合理性,建立成内部的竞争推动整体的合作发展。因此,就体现了协调的重要性,要正确处理都市圈内部的利益分配问题,建立合理的利益分配机制来协调都市圈内各城市的利益关系。纽约区域规划协会就是这种都市圈区域协调的联合组织,通过其在区域规划发展中的核心地位,联合地方政府加入,以保证都市圈大区域的最大利益。对于多核心都市圈来说,中心城市之间的利益冲突是棘手的问题。而从纽约大都市圈的发展可以看出,其通过各地区的自身特点,发展本地的传统优势产业,错位发展,使得整个纽约大都市圈经济结构布局合理,在实现整体利益最大化的过程中充分发挥着自身的优势。同时，在都市圈整合的过程中，还要正确处理好各个等级之间的关系，如中心城市与周边城市之间的关系，以及各周边城市之间的关系。虽说周边城市是都市圈未来的发展空间，但同样也要面对来自都市圈内各个城市的竞争。但是，这种竞争在中心城市与周边城市之间存在着严重的不对称性，对周边城市尤其不利。因此，对于边缘城市来说，要切实增强抓住机遇加快发展的紧迫感，缩小与中心城市的差距。

（三）纽约交通治理

城市化进程的加快必然会导致众多的人口流入城市，而交通拥堵也必然会出现。20世纪20年代，汽车开始涌入纽约街道，纽约市的交通变得拥挤不堪，汽车数量的增加又进一步恶化了交通的状况，交通拥堵使居民和企业都蒙受巨大损失。据保守估计，自20世纪初以来，纽约每年因交通堵塞至少损失1.5亿美元。不过，目前经过政策调整，纽约的交通已经有了较大改善，其使用的具体措施有以下方面。

1. 建立四通八达的公共交通系统

美国是生活在汽车轮子上的国度，但纽约是全国少数几个无私人汽车也能生活的城市之一。纽约有发达的公交系统，28条地铁纵横交错，总长度高达1140多千米，490个车站遍及全市各地。此外还有244条公共汽车线路，总长度达3000多千米。纽约还有连接周边地区的通勤火车，为居住在周边地区的上班族提供方便快捷的交通服务。纽约公交系统年运送乘客24亿人次，是世界上最大和最繁忙的公交系统。纽约地铁乘坐一次两美元，可根据需要选择不同面值、不同有效期的地铁卡，地铁卡可在公共汽车上使用，方便了地铁与公共汽车之间的换乘。在曼哈顿中央商务区工作的人有4/5会选择使用公交出行。

2. 建设方便有效的机动车单行道

在美国，纽约建城历史较久，金融、商业、娱乐等功能区早已形成，但是街道非常窄，而且停车场也严重不足。为了最大限度利用路面，提高交通流量，减少交通瓶颈，纽约市设立了许多单行道，以局部限制来保障全局畅通。纽约市街道呈网状，街与街不远，为实行单向交通提供了便利条件。一般在隔了十几条街道后，在主要街道设置双行线，为驾车人提供多种选择。

3. 采取灵活多样的交通疏导措施

纽约市的金融、商业、娱乐、政府部门集中在曼哈顿岛，每天到曼哈顿上下班、办事、旅游、购物的人构成了交通主体，而出入曼哈顿岛的几座桥梁和隧道却成为交通瓶颈。为减少交通瓶颈，纽约交通管理当局疏导早上高峰期大批进岛车辆，将连接曼哈顿和周围几个区的桥梁和隧道的上下行车道仅供有2名或以上成员的车辆使用，高峰时段禁止单人车辆使用进岛桥梁和隧道，以最大限度地利用现有交通设施，缓解交通堵塞。交通管理当局还在主要路口限制车辆左右转弯，减少车辆等候时间，并且在交通繁忙的第五大道以东地区的许多路口规定高峰时段车辆不得左转。①

---

① 参见杨立勋《世界先进城市管理研究》，中国社会科学出版社2009年版，第18页。

二、纽约大都市治理的特征

(一) 超前的规划理念和重视城市间协调发展

超前的规划理念包括:一是长远的规划理念。纽约城市规划的指导思想是应如何让城市有秩序、有条理地综合发展。因此,纽约等大都市区的长期规划往往着眼于未来30年、50年甚至100年里的社会经济发展趋势与问题,从人口增长态势、自然资源供给、环境变化以及新经济增长等方面,进行系统、科学的分析和预测,从而为制定城市总体规划提供科学依据。二是可持续发展的规划理念。"立足生态,立足发展"是21世纪美国制定城市规划蓝图时的重要理念之一。近年来,美国的城市规划者越来越重视自然生态环境保护、历史文化资源保护和可持续发展。他们清醒地认识到,环境资源正成为后现代时期可持续发展的宝贵资源。通过加强环境保护和节约资源,探寻如何将城市规划和生态与发展结合起来,从而找到控制城市无序扩张,创造美好生活空间的有效方法。[①]

面对城市之间联系日益密切的新形势,为了克服各城市主要从自身角度独立制定规划而造成重复建设、资源浪费和过度竞争的弊端,纽约等大都市越来越注重城市与城市之间、区域与区域之间的规划协调,通过推行大都市圈规划来建立城市之间的规划协调机制,进而实现城市间协调与整合发展。[②] 由此,一种由地方政府自愿联合、并获得联邦和州政府支持的非政府非营利组织——"纽约区域规划协会"(RPA)便应运而生。这一组织在实施纽约大都市区规划的基本指导思想是致力于"中心城市-周边区域"良性互动的可持续发展,即围绕将纽约定位和打造为全美最卓越城市地区与世界一流城市这个战略目标,努力寻求和依托周边3个州在大都市区规划上的协力支撑,对空间资源的优化利用做出综合安排。同时,许多涉及区域规划与经济互补发展等的重大问题(如交通规划、环境规划案)都通过它来实现协调统一。特别是建立了各个区域产业发展的协调机制,形成了分工合理、良性竞争的产业发展格局。(见表2-2)[③]

表2-2 纽约大都市圈产业分工现状

纽约大都市圈	特 色 产 业
纽约大都市区	金融、商业和生产服务业
波士顿大都市区	高科技产业和技术
费城大都市区	清洁能源、制药、空间制造和交通服务
华盛顿大都市区	政府、旅游和高技术服务业

---

① 参见唐华《美国城市管理:以凤凰城为例》,中国人民大学出版社2006年版,第211页。
② 参见谷人旭《国际大都市的区域规划》,载《地理教学》2005年第8期,第1~3页。
③ 参见武廷海《纽约大都市地区规划的历史与现状:纽约区域规划协会的探索》,载《国外城市规划》2000年第2期,第3~7页。

续表 2-2

纽约大都市圈	特色产业
巴尔的摩大都市区	制造业和服务业

促使各中心城市功能与主导产业的错位发展，这是纽约都市圈始终充满活力及可持续发展能力的又一重要保障。在城市功能定位上，各次级中心城市努力与纽约形成各具特色的发展格局：纽约作为国际金融中心，拥有最为发达而齐全的生产性服务业，为整个都市圈和全球经济活动提供多种重要的高端专业化服务。波士顿是全美最负盛名的高科技产业基地和高等教育名城，沿波士顿 128 号公路形成了与"硅谷"齐名的"高科技走廊"。华盛顿是全美政治中心与首都，经济优势明显，集聚了一批全球性金融机构，如世界银行、国际货币基金组织和美洲发展银行等总部。费城是纽约大都市圈的交通枢纽和港口城市，交通运输、国防及航空工业比较发达。巴尔的摩紧邻华盛顿特区，分享了很多联邦开支和政府采购合同，国防及矿冶工业很有基础。

（二）注重公共利益取向

市民至上的规划理念在美国一直深入人心。"以人为本"长期以来是美国城市发展的核心理念。从市民的需求出发，将人口发展、土地利用、住房供给、就业、能源、环境、交通体系、娱乐、社区建设、公共空间、城市安全等与市民息息相关的内容纳入城市规划中统筹考虑，以便更好地满足人们发展的需要。作为一个把提升全体居民的居住环境作为城市规划的第一大目标的国家。因为美国是一个人口流动性很强的国家，在纽约等大城市里，居民习惯采取"用脚投票"的方式，哪个城市税制好、基础设施完善、生活质量高就向哪个城市移民；从而迫使各个城市拼命发展高水准的公共设施，不断提高公共服务水平，进而通过竞争促使各城市以最低成本建成了最发达的公共基础设施；公共投资项目涵盖市政中心、道路管线、公园、污水处理、消防站、图书馆等；提供着最人性化的公共服务产品，包括公共健康、公共救济、公共安全、公共福利等诸多方面。[①] 从纽约 2007 年土地利用现状数据来看，休憩和娱乐用地面积占城市总面积的 25.2%，布鲁克林区的这一比例更是达到 33.8%。另外，从土地利用结构可以看出，各类用地分布均衡，可以较大程度地实现区域资源共享。

（三）主张公众积极参与

美国城市规划十分强调公众的参与，除城市规划行政管理机构外，还设立了一系列参与规划立法及执法的非政府机构。如纽约大都市区除了纽约区域规划协会外，还有纽约市发展委员会、纽约住房与区域规划委员会、纽约城市规划委员会、国家资源规划委员会等组织机构。委员会成员大多是具有专业知识的市民志愿者，通过申请由城市议会正式任命，其成员构成、选拔条件、任期、权利与责任都是法定的，这在很大程度上保

---

① Gordon F. Mulligan, Jason P. Crampton. Population Growth in the World's Largest Cities. Cities, 2005 (5): 365-380.

证了规划立法、修法、执法的公开和公平。

在城市规划编制过程中，依法制定详尽的公众参与计划，形式包括公民咨询会、公众听证会、访谈、问卷调查、媒体讨论、社区讲座以及社区规划的分组讨论及汇总等。市规划局收集的资料、研究成果及提出的规划建议必须提交由公众参与的定期研究会议进行讨论和确定，在提交给市规划委员会和市议会决策之前必须召开各种形式的公众听证会。[①]

第二节　英国伦敦的大都市治理

英国是现代城市规划的发源地，最早进行城市规划立法，也是城市规划体系最为完善的国家之一。1909 年，英国通过了第一部涉及城市规划的法律（Housing and Town Planning Act, 1909），标志着城市规划作为一项政府职能的开端。1947 年的城乡规划法（Town and Country Planning Act, 1947）为英国的现代规划体系奠定了基础。[②] 英国的城市规划理论和实施系统对许多国家产生了深远的影响，战略规划也是从英国开始发展的。

伦敦作为英国的首都，是英国的政治、经济和交通中心，也是英国的最大海港与首要工业城市。在英国地方自治政治文化传统的影响下，早期的伦敦并没有形成统一的大都市区政府。对伦敦大都市区的形成起决定性作用的是英国 18 世纪 30 年代以来兴起的工业革命。从 19 世纪 30 年代开始，英国政府着手对大伦敦的管理体制进行改革，拟建立具有大都市区政府性质的管理机构，并先后进行了许多有益的尝试。如 1829 年和 1848 年分别建立了郡警务局和都市下水道委员会。1855 年，又根据都市地区管理法案建立了都市工作委员会。进入 20 世纪后，伦敦郡议会又开始面临着快速城市化发展带来的诸多挑战。作为英国规划的奠基者之一的 Abercrombi 爵士，在 1943 年主持完成的伦敦郡规划和 1944 年主持完成的大伦敦规划，被认为是具有开拓性的战略规划。[③] 伦敦在都市化过程中，其城市规划与建设经历了不同的发展阶段，大致可分为第二次世界大战前的卫星城发展、第二次世界大战后至 20 世纪 40 年代后期的同心圆封闭式发展，以及 20 世纪 50 年代以后的新城建设等不同阶段。

作为一个历史发展悠久的世界性大都市区，伦敦各个自治市在其内部发展中发挥了非常重要的作用。迄今为止，"斯图加特地区政府和大伦敦市政府是欧洲大都市改革实践最为成功的两个典型"，已成为欧洲新时期大都市区治理改革的成功典范。[④] 再者，伦敦是世界公认的六大国际大都市之一，在城市管理体制的改革过程中具有明显的阶段性和层次性特征。分析、总结伦敦大都市管理过程中的特征与规律、经验和教训，有利于拓展城市治理改革的思路，对提高我国大都市治理水平有着积极的借鉴作用。

---

① 参见唐华《美国城市管理：以凤凰城为例》，中国人民大学出版社 2006 年版。
② 参见黎晴、刘子长、陈玫《大巴黎 2050 战略规划中的交通理念》，见《城市交通发展模式转型与创新——中国城市交通规划 2011 年年会暨第 25 次学术研讨会论文集》，2011 年版。
③ 参见陈大鹏《城市战略规划研究》（博士学位论文），西北农林科技大学 2005 年。
④ L. M. Barlow. Metropolitan Government. Routledge, 1991.

一、伦敦的大都市治理观察

伦敦大都市区划体制和行政组织体制与其他国家有着很大区别,前后经历了"雏形、分散、统一、再分散、再统一"共五个阶段,可谓一波三折。[①] 中央政府和地方政府之间,以及各级政府之间,还有无数不同利益主体之间的矛盾冲突关系错综复杂、相互影响、相互交叠、共同构筑,促进了伦敦大都市区复杂而多变的行政区划与管理体制格局。

(一)伦敦大都市区治理的早期实践

伦敦大都市区早期的治理主要是按地域来进行分割的。其中,伦敦城由伦敦城法团(City of London Corporation)治理,伦敦城以外的大都市地区则由众多的教区委员会治理。诚然,伦敦城法团和各教区委员会提供了居民所需的部分公共产品,但在涉及整个大都市区范围内的公共服务供给上,众多的治理主体之间难以协调,公共服务供给效率低下。为此,伦敦也在设立覆盖整个大都市区的治理机构方面做了一些尝试,如1829年建立的大都市警务局、1848年建立的都市下水道管理委员会和1855年建立的大都市区工作委员会。其中,根据《1855年大都市区管理法案》而建立的大都市区工作委员会已初步具备了伦敦大都市区地方治理机构的雏形。大都市区工作委员对伦敦城以外的教区进行了改组,保留了较大的教区(vestry),合并较小的教区组成区(district),并承担了大都市消防队的运营,以及道路、下水道、桥梁以及泰晤士河岸的修筑和维护等方面的公共服务。

早期的治理实践提供了居民所需的一些公共产品,改善了城市居民的生活环境,如城市的下水道建设就大大改善了城市的卫生状况。然而,早期的治理实践也存在着一些缺陷。伦敦城法团和传统的教区委员会在涉及大都市区范围的公共产品的供给上缺少协调。这些机构在服务供给上效率低下,而且贪污腐败现象严重。虽然也建立了协调治理的大都市区工作委员会这样的机构,但因其不是由辖区居民选举产生,缺乏权威性,较少受到居民的监督,也不能改变这种各自为政的格局。这种格局对城市公共产品的供给来说是非常不利的,伦敦大都市区治理体制的变革需求由此产生。

(二)伦敦郡议会时期

英国议会颁布的《1888年地方政府法案》和《1899年伦敦政府法案》确立了伦敦郡议会时期的治理体制。根据《1888年地方政府法案》,伦敦行政郡(Administrative County of London)得以成立,其地域范围拓展到伦敦城之外原先属于米德尔塞克斯郡、肯特郡和萨里郡的部分地区。[②] 大都市区实行"伦敦郡议会 - 自治市议会"两级治理体制。郡议会设有各种专门委员会,以负责具体领域公共政策的制定。这些委员会由议员或者是非议员的专家组成,委员会的具体事务按职能分工的各部门承担。在郡议会以

---

① 参见马祖琦《伦敦大都市管理体制研究评述》,载《城市问题》2006年第8期,第93~97、100页。
② 参见高秉雄、姜流《伦敦大都市区治理体制变迁及其启示》,载《江汉论坛》2013年第7期,第74~78页。

下，新设立 28 个大都市区自治市（metropolitan borough）以取代原先的教区委员会和区委员会。伦敦城仍由伦敦城法团负责治理。它虽属于伦敦行政郡，但为了非行政目的而和伦敦郡各自单独成为一个郡，因而很少受到伦敦郡议会的影响。伦敦郡议会主要负责承担涉及整个大都市区范围的公共服务。在建立之初，伦敦郡议会除接管大都市区工作委员会的职责外，还承担了如主要道路和桥梁的修建和维护、地方法规的制定、医疗卫生官员的任命等职权。各自治市议会的职责则包括：承担之前教区委员会或区委员会的公共服务职能；履行由郡议会转移给自治市的部分职权，如对障碍物的清除和木质房屋的注册；管理自治市内的主要公路。此外，两级议会共同承担如制定地方条例与房屋拆迁等方面的职能。[①]

伦敦郡议会在其存在的 76 年时间里推动了伦敦地区的协调发展，但其当时治理的区域还仅限于今日所称的内伦敦地区。随着英国工业革命的继续推进，伦敦不断向周边扩张，大大突破了先前的管辖区域。城市的进一步扩张要求地方政府提供更多的公共服务并在更广阔的区域内进行协调治理。此外，伦敦郡议会和各自治市议会缺乏强有力的联系，各自治市之间也缺乏正式的协调途径，相互牵制，各自为政，这些都严重影响了都市管理的质量和成效。因此，各方都迫切要求改革和厘清两级地方政府之间的关系和职权划分。

（三）大伦敦议会时期

根据英国议会颁布的《1963 年伦敦政府法案》，大伦敦议会于 1965 年成立，由它专门负责整个大伦敦地区的协调治理。大伦敦（greater London）的地域范围包括新成立的伦敦自治市（London borough）、伦敦城以及内殿法律学院和中殿律师学院（temples）。这一时期大都市区实行"大伦敦议会－自治市议会"的两级治理体制。原有的 85 个自治市被重组为 32 个，原先伦敦郡的 12 个自治市被称为内伦敦自治市，另外 20 个自治市被称为外伦敦自治市，伦敦城依然维持先前的治理形式。由于这一阶段处于英国福利国家的高潮时期，伦敦郡议会、伦敦城法团及各自治市议会所承担的公共服务职能大大拓展。分别为道路交通及机动车辆的管理、住房建设及其规划、教育及青年雇佣方面的服务、下水道建设、公共健康、社会福利保障。其中，大伦敦议会主要负责提供战略性的服务，诸如消防、主要道路和下水道的维护、车辆的注册登记、大伦敦开发法案的制定。各自治市则负责区域内的公共服务供给，如区域内的道路与下水道的维护、地方规划、公共卫生、住房建设以及对残疾人和老人的救助。至于教育服务，内伦敦将这项服务交给伦敦内城教育局负责，外伦敦自治市则由其自身负责教育服务。

大伦敦议会的建立改善了大伦敦地区公共服务的供给。首先，都市辖区的扩大使地方政府能够在更大的地域范围内提供公共服务，从而可以更好地发挥公用事业的潜力和提高公共服务的质量。其次，改革后的体制具有很强的灵活性，公共服务可以在两级政府之间进行空间规模的调控。通过大伦敦议会对各自治市的干预以及各自治市之间的组

---

① John Hunt. The London Government Act, 1899: the Law Relating to Metropolitan Boroughs and Borough Councils. Adamant Media Corporation, 2006: 122 - 128.

织协调，使公共产品的供给不受地方政府条块分割的限制。但是，这一时期的两级治理体制仍存在职能合理划分的问题。改革扩大了各自治市的权力，而留给大伦敦议会发挥作用的余地不足，这使其在宏观调控方面发挥的作用不大。此外，两级政府在诸如规划、住房、交通等职能分工方面很难明确分解。缺乏责任的清晰界定使得政府间的协商和合作难以高效进行。①

（四）多头分散治理时期

英国议会颁布的《1985年地方政府法案》废除了大伦敦议会，取代其履行治理职能的是众多的机构，大都市区治理呈现多头分散治理的局面。这一时期的治理主体大致可以总结为以下三个层级：第一层级，32个自治市议会、伦敦城法团及其委员会。大伦敦议会被废除后，原先由其履行的众多职权移交给了自治市议会和伦敦城法团，如城市规划，道路、桥梁和街道的维护，垃圾和下水道的管理，防洪，以及司法判决等。此外，为了能够协调部分公共产品的供给，自治市还联合起来成立了若干覆盖大都市区整个范围或部分区域的各式各样的委员会或联合董事会，如大伦敦联合规划委员会。第二层级，中央政府及其指派的组织。大伦敦议会被撤销后，中央政府在大都市区内行使的权力得到大幅度的扩张。大都市区协调治理的战略层次被上交到中央政府，并先后由中央政府的环境部、伦敦规划咨询委员会和伦敦政府办公室来承担。第三层级，私营部门和志愿部门。这一时期市场机制被引入大都市区公共服务的供给并采取强制性竞招标政策，这使得私营部门和志愿部门也参与到公共产品的供给上来，成为伦敦大都市区治理体制产生的一个重大变化。上述分类仅仅是在对伦敦政府组织体系进行高度简化和概括的基础上得出的，实际的情况远比上述分类复杂得多。各类组织形成了纵横交错、相互交织、高度复杂的管理体系格局，② 甚至让地方居民在接受服务时有些无所适从。

多头分散治理的效果可以分为正反两个方面。一方面，这种治理体制减少了地方政府层次，过去由大伦敦议会行使的部分职权被交付给各自治市议会，自治市的自主权的确因此获得了增加，行政开支也相应减少。另一方面，多头分散治理局面制约了大伦敦地区的整体发展，削弱了城市的竞争力，使得大伦敦地区各种"城市病"凸显。当时，对于伦敦的规划和管理系统的不满是很广泛的。一是它缺乏代言人，二是对伦敦人来说这个系统太复杂、混乱，三是没有有效的战略规划，四是战略规划与交通运输方面都缺少协作。③ 两相权衡，多头分散体制所带来的负面效果要大于其正面效果，大都市区治理体制面临着新的变革。

（五）大伦敦市政府时期

大伦敦市政府时期的治理体制主要由英国议会颁布的《1999年大伦敦市政府法案》确立。这一时期的大都市区治理体制可以通过以下四个方面来考察：第一，建立了大伦

---

① 参见高秉雄、姜流《伦敦大都市区治理体制变迁及其启示》，载《江汉论坛》2013年第7期，第74～78页。
② 参见马祖琦《伦敦大都市管理体制研究评述》，载《城市问题》2006年第8期，第18页。
③ 参见［英］Derek Gowlin《伦敦的城市规划和管理：最近的变化》，载《国外城市规划》1997年第4期。

敦市政府这一战略层次并对政府结构进行了创新，同时，覆盖大伦敦的大伦敦市政府得以成立。与传统地方政府采用的内部结构即议会委员会制不同，大伦敦市政府改由直接选举产生的市长（mayor of London）和独立于市长且由选举产生的伦敦议会（London Assembly）组成。其中，市长主要负责制订和实施伦敦战略，编制预算，指导职能机构的工作，促进伦敦经济、社会的发展等。市长的职责主要通过市长警务办公室、伦敦交通局、伦敦发展署、伦敦消防和紧急规划局四个职能部门来履行。议会的职权在于审查和修改大伦敦市政府的财政预算，调查大伦敦市政府的行政事务以及审查市长法定权力的履行等。第二，大都市区实行"大伦敦市政府－自治市议会"的双层治理结构。两级政府之间是一种合作而非隶属的关系。其中，大伦敦市政府主要负责大伦敦地区整体的规划和治理，各自治市政府则负责对大伦敦市政府的战略予以执行并提供各自区域内的公共产品。此外，各自治市的地方政府结构也从传统的委员会制变为议会－经理制、市长－内阁制和领导人－内阁制三种中的一种。第三，建立了一种政府部门、私人部门与志愿组织合作提供公共服务的新的治理模式。与传统的服务提供者角色相比，大伦敦市政府更多地扮演着一个"授权者"的角色，即通过支持和授权其他组织或机构来代表政府提供公共服务。第四，强调公民对治理过程的参与。为了实现大都市区的善治，伦敦地方政府实施了很多旨在吸引当地居民参与地方决策的政策，如大伦敦市政府每年举行的"伦敦现状辩论会"和"人民质询时间"。公民参与式治理机制的引入，旨在推进以公民为中心的治理模式。

新的治理体制扭转了之前伦敦大都市区多头分散治理的局面，建立了一个战略性政府与自治政府职权划分较为清晰的双层治理模式，提高了地区的治理绩效，具体表现在地区的整体竞争力提高、政府对民众要求与外部环境的回应性增强、透明度和责任性提升、居民参与度提高等方面。伦敦市政府的改革措施也成为其他城市借鉴的对象。① 然而，新的治理体制仍面临着一些尚待解决的问题与挑战，如治理中责任的模糊性问题、治理的效率问题、财政支出居高不下的问题等，而这些问题需要治理体制在将来进行相应的改革来解决。②

二、伦敦大都市治理的特征

（一）重视城市的环境建设

伦敦城市在 20 世纪都市圈的形成过程中，有一个重要特点是进行绿色环境城市建设。20 世纪 50 年代，伦敦城曾被一场黑沉沉的烟雾笼罩，造成白天黑夜不分。烟雾数天不散，结果有 4000 多个市民被夺走生命。这就是被载入环保史册的伦敦烟雾事件。为了净化空气，英国在 20 世纪 50 年代后期出台了《洁净空气法》。根据该法案，伦敦划出了煤烟控制区，并以法规形式规定了这些区域内只许燃烧无烟煤，或者必须使用可对煤烟进行完全净化的炉具。在 20 世纪 70 年代，英国政府推出了《工作场所健康和安

---

① 参见［英］杰瑞·斯托克《英国地方治理的新发展》，载《中共浙江省委党校学报》2007 年第 1 期。
② 参见高秉雄、姜流《伦敦大都市区治理体制变迁及其启示》，载《江汉论坛》2013 年第 7 期，第 74～78 页。

全法》，规定污染工业必须采取最有效的手段避免将有害气体排入大气，否则将对其进行罚款等严厉处罚。伦敦环境治理的另一个行之有效的办法是科学管理。由于19世纪工业革命带来的后遗症，20世纪50年代，流经伦敦的泰晤士河的污染状况坏到了极点，河中的鱼类都不见了踪影。20世纪60年代开始，英国加大了对泰晤士河的治理力度。除了通过了严格的治理污染法案，宣布对违规排放污水的工厂等部门实施法律制裁之外，有关当局还制定了严格的水质标准，同时，每隔5年对河流水质的达标情况进行彻底检测。通过对污水处理系统进行改造后，泰晤士河道成为伦敦最大野生动物的栖息地，野生动物的价值显著提升。另外，伦敦市政当局还下大力气发展城市绿化，有意识地加强都市公园建设，在城市宝贵的土地上留出空间，营造"绿洲"，以充分发挥绿色植被在城市生态系统中类似"肺部"的调节功能。在伦敦现有土地面积中，10%已被辟为空地或城市公园，伦敦市内公园总面积已超过了170平方千米，拥有市级自然保护地130多处，还有许多由废弃的铁路、墓地、垃圾堆填场、水库等改建的半自然保护地；拥有1500多种树和300余种鸟类。生物多样性已经成为伦敦居民对环境的一种态度，也是衡量他们生活质量的一个重要指标。[①]

（二）强调城市基础设施建设

伦敦市的城市基础设施水平较高。伦敦市一直非常重视城市基础设施建设，通过长期大规模的投入，伦敦市的城市道路、机场、码头等设施具有较高的水平。通过实施公交优先战略，以保证公共交通在城市交通中的主导作用。随着伦敦城市人口的增加、经济活动的密集，伦敦市也面临着严峻的交通问题。但是，伦敦市通过对城市地铁、轻轨、公交汽车等城市公共交通的大力投入，实施公交优先的城市交通战略，鼓励居民利用公交出行，使得城市交通状况大为改善。目前，伦敦市内公共交通方便，交通线路多，有地铁、轻轨、公交车、出租车和私人小客车等，可以满足居民不同出行目的的需要。再者，伦敦社区便民生活设施也较为发达。20世纪40年代中期，英国兴起了"新城运动"，伦敦100人以上的工厂约有70%迁移到了卫星城。到70年代中期，英国已经先后建立了33个新城，其中11个分散在伦敦外围周长129千米的范围圈内。11个新城的总人口为180万人，共迁入了2009个新的工业企业或其他性质的公司，提供了18.8万个就业岗位。每一个开发的新城都有完善的基础设施（水、电、气、道路、公共交通、步行街等）。

（三）对旧城强调综合开发

随着社会的不断发展，伦敦市面临着大规模的改造与更新。伦敦对城市旧城区的改造，强调综合开发、统一利用。开发商的不同开发方案和综合实施计划是项目竞争成功的重要条件。首先，强调不同阶层居民的混合居住，反对建高级社区和避免形成事实上的贫民窟。新建住房中，各类住房合理搭配。其次，强制要求新建项目中必须有一定比

---

① 参见韩慧、李光勤《大伦敦都市圈生态文明建设及对中国的启示》，载《世界农业》2015年第4期，第40~45、56、203页。

例的中低价位住房。英国政府于 2004 年修改了《住房法》，就如何确保建设足够的低收入群体买得起的"社会性"住房，做了详细的规定。最后，在城市综合建设中，开发商必须承担建设一定量的公共设施的义务。公共建设的方案和规模是开发商取得项目的重要砝码。

（四）城市规划建设中呈现出的新特点

英国政府在 2004 年颁布《规划和强制性收购法》（Planning and Compulsory Purchase Act）以后，伦敦市政府根据全球经济一体化的进一步推进和可持续发展战略实施的新形式，在城市建设中，呈现的特点有：①在城市规划建设中，强调合理利用土地，注重可持续发展。主要内容包括通过鼓励循环使用城市土地，改进城市设计和建筑，运用税收与财政政策来鼓励开发弃置的土地等，以实现对现存土地和住房的消化，体现城市活力等。②注重对城市贫困区域的改造，保证城市的均衡发展。政府为了对城市贫困区域的改造，鼓励私营企业投资，并且给予税收优惠，而且对于投资的企业在建筑设计上不受限制。③重视城市旧建筑的价值，塑造城市的文化品牌。在城市规划建设中，注意对城市旧建筑价值的重视、保护文化氛围、塑造伦敦的文化品牌。④在城市规划建设中，逐渐重视对高层建筑的建设。考虑在伦敦传统的空间结构、较小的街坊面积、众多的历史街区、错综复杂的土地权属和较小的地块面积等特殊条件限制下，合理地引入高层建筑来维持自身经济发展的可行性。考虑通过适当放松中心区的开发控制标准，允许更多的高层建筑分布在该地区，充分发挥高租金区的开发潜力。

第三节 法国巴黎的大都市治理

法国一直都具有强烈的中央集权意识，巴黎是法国的首都，也是法国唯一一个人口达到百万级别的城市。由于法国历来集中化的政治文化，巴黎的首都地位使其成为全国权力和财富最主要的集中地。与纽约、伦敦和东京相比，巴黎尽管在经济实力与城市能级方面有所欠缺，但在文化、艺术、时尚等软实力上具有突出的优势，也因此自 20 世纪初起就被认为是世界上首屈一指的全球性的大都市之一。巴黎大都市区是以巴黎市为中心，包括分布在市区周围，与巴黎连成一片的上塞纳、瓦勒德瓦兹、塞纳-马恩等地区，总面积约 12000 平方千米（约占法国全域面积的 2.2%），人口约 1100 万（约占全国人口的 18.8%），是具有世界影响力的大都市发展区。

一、巴黎的大都市治理观察

大巴黎地区目前是欧洲四个最大的区域性大都市地区（metropolises）之一，在欧洲乃至整个世界具有举足轻重的战略地位，但从其发展历程看，促使今天区域性大巴黎地区的形成与繁荣发展却经历了以下几个重要规划阶段。

（一）战后重建阶段

"二战"之后，法国同欧洲各国一样，城市规划建设工作的重点是战后重建。这一时期整个法国经济呈快速稳定增长趋势,与此同时,人口亦大幅度提高,从1946年到1975年,法国人口总量净增加1200万人(从1946年的4000万人提高到1975年的5200万人)。经济与人口的变化使整个法国在20世纪50年代面临着城市化进程加快的局面,由此也使法国城市面临着种种发展过程的考验:大量住宅、商务办公楼的兴起,工业厂房的更新改造以及各种性质的综合建筑物等如何能与城市发展协调同步?

但由于该阶段正处于战后过渡转折时期,社会发展的各方面均呈波动状态,行政干预力量非常微弱。这一时期巴黎地区的发展便明显呈松散式管理状态,尤其是巴黎塞纳区(the Seine department)以外区域,发展严重失控,同时,整个地区的发展也缺乏系统性配合建设,城市的建设发展主要集中在巴黎周边10～15千米范围左右的内外郊区。这使巴黎地区在20世纪60年代面临重重困难,如人口增长、住房危机、交通设施落后、缺乏公共设施等问题。

(二) 20世纪60年代:巴黎地区总体规划与实践

从1960年开始,整个巴黎地区的城乡规划政策发生了根本性改变。戴高乐将军委派保罗·德鲁瓦(Paul Delouvrier)负责巴黎地区的发展问题。1963年巴黎地区20年发展规划草案初步形成,并成了1965年巴黎地区总体规划的核心内容。该规划首先考虑了到2000年的人口规模问题,并由此对40年之后的区域性城市发展状态做了预测性展望。到20世纪80年代中期,经过近1/4世纪的发展历程,这一城乡规划过程对发展的结果产生了重大影响,它使20世纪前半叶的巴黎密集地区过渡到了大巴黎城市区域。从20多年的规划发展实践来看,20世纪60年代巴黎地区总体规划的主要特点可归结为以下几点。

1. 疏解城市中心区人口,提高城市生活环境品质

巴黎中心区的人口随城市发展呈负增长趋势,这主要通过区域范围内的住房政策实现。而在这多年的发展过程中,提高城市生活环境品质也一直是政府当局的首要任务,二者相辅相成,通过人口疏解以及对中心区的更新改造最终实现提高城市生活环境品质的目标。

2. 利用城市附近郊区发展多中心城市结构

20世纪四五十年代的巴黎地区规划,曾希望找到解决城市主要公共服务设施过于集中于巴黎中心区这一问题的途径,设想变单中心城市结构为多中心城市结构。这一问题在1965年的大巴黎地区城市总体规划中再次被提及并开始得到解决。几十年的城市发展完全实现了这一目标,尽管最终发展模式仍和原规划设想有所不同。

3. 沿城市主要发展轴和城市交通轴建设卫星新城

与先前早期规划相比,1965年制定的巴黎地区城市总体规划的最大贡献就是沿城市主要发展轴和城市交通轴建设卫星新城,这与当时别国其他类似城市密集地区的规划方法比较中仍属先进。这一做法对促进巴黎周边地区的城市化进程起到了极大的影响作用,并且已经成为1965年巴黎总体规划的代表特征。

4. 建设发展区域性交通运输系统

1965年的巴黎城市总体规划中有一个基本原则就是区域城市发展一体化,为了达

到这一目标就必须建立随处可达的区域性交通运输体系。令人欣慰的是，几十年的巨资投入使这一目标完全实现了。500 千米的高速公路网、地区性地铁的建设、快速干道的延伸、铁路网的更新改造以及城市公共交通运输系统的完善使大巴黎地区成了世界上服务最完善的大都市地区，这对以后的地区发展具有非常重要的意义。

5. 合理利用资源，保护自然环境

合理利用自然资源、有效保护自然环境的重要性在 20 世纪 50 年代还没有被社会广泛认识，1965 年以前的巴黎地区总体规划中没有将其作为特别章节，只是在对有关农业用地与休闲用地进行阐述时有所提及，由此也说明当时资源与环境规划仍处于不重要的地位。但到了 1962 年，法国掀起了轰轰烈烈的绿色革命运动，并开始进行有关植被、森林以及城市绿色空间发展的 20 年规划，这一计划持续了 20 年并由此有效地保护了整个大巴黎地区的绿色森林系统。另外，这一计划也促使了 1965 年的大巴黎地区总体规划创造性地提出了发展 12 个绿色休闲中心的设想。[①]

（三）20 世纪 70 至 90 年代：权力下放与区域协调

1974 年，为扭转巴黎无限制扩张的局面，法国政府设立了巴黎大区这一新的行政层级，即"法兰西岛"，包括巴黎市，近郊 3 省及远郊 4 省，面积约 1.2 万平方千米，其中共包含 1281 个市镇。巴黎大区的成立意义在于更大范围内平衡巴黎与周边地区的发展。因此，大区政府职责在于制定整个管辖区域的发展战略并监督其实施，其历次战略规划的主要目标均是摒弃巴黎传统单中心放射状的空间格局，在大区尺度上引导一种以巴黎市为中心、许多新的城市节点在其外围环绕的多中心的大都市圈空间结构。20 世纪 70 年代初的石油危机后，规划在目标上增加了限制过度城市化及保护自然环境与乡村地区等方面的考虑。在这些规划中，主要的策略是通过对新的基础设施及大型建设项目（如机场、CBD 等）的大规模投资来引导新的城市节点的发展，从而改变长期以来巴黎的单中心结构。

在此治理模式下，巴黎大区政府可以通过战略规划决定大区发展的总体方向；地方的市镇一级政府则负责地方规划－地区协调规划（schema de cohesion territorial，SCOT）的制定，而且须符合大区战略规划的原则。但由于大区内市镇数量众多，并且每个市镇市长都对本地的城市规划政策享有决定权，因此，大区层面的规划政策在市镇层面的实施长期存在着很大的困难。可以说，尽管成立了巴黎大区的行政层级，这一时期整个巴黎大区的治理模式仍然是相当分散的。由此造成的结果是巴黎郊区的规划失控，如对法国这一空间相对富裕的国家土地的过度消费、过于专业分割的基础设施、过于分散的独立住宅导致的过低密度及由此带来的对生活方式和可持续发展的影响。

从 20 世纪 80 年代起，国家规划职能向地方的转移催生了区域中全新的地方政府模式——自治市镇联盟（Associations of Municipalities）。它由有意愿运用共同的战略与财政支持来解决规划和管理问题的城市组成，多数自治市的人口规模在 20 万～30 万人之间。自治市镇联盟的出现一定程度上扭转了由于巴黎大区内大量自治市镇的存在而造成

---

① 参见曲凌雁《大巴黎地区的形成与其整体规划发展》，载《世界地理研究》2000 年第 4 期，第 69～75 页。

的权力分散的局面。

(四) 21 世纪初：区域整合与中心强化

21世纪初，受全球金融危机与主权信任危机的影响，法国国家发展总体趋缓，巴黎的经济增长也趋于停滞。虽然巴黎大区的经济基础仍相对牢固，在教育水平和跨国企业总部数量方面仍保持有显著优势，但是巴黎的竞争力与吸引力却明显下降。在竞争力方面，20世纪90年代的经济数据研究表明，相比于在过去20年里大规模合并的阿尔萨斯大区、阿基坦大区等地，巴黎大区的经济增长明显下降。其主要原因是缺乏创新驱动力，科研人员的数量一直呈下降趋势。相反，位于阿尔卑斯山的格勒诺布尔地区却拥有大量具有经济活力的创新型企业。在吸引力方面，自20世纪90年代末期起，巴黎出现了严重的"住房危机"，主要表现在住房价格昂贵且市中心社会住宅紧缺、居住条件不佳。由于生活成本居高不下、生活质量和公共交通网络的服务质量持续下降，人们开始大量迁移到具有更好生活品质的法国其他城市。相比之下，近20年来，波尔多、雷恩、蒙彼利埃等城市面对竞争不断改变提升，这些城市的吸引力正在显著增加。

因此，学术界出现了"大巴黎悖论"（the greater Paris paradox）的论调。法国的政治精英逐渐认同巴黎由于长期以来缺乏政策支持，其国际竞争力已明显减弱。因此，中央政府最终决定要扭转巴黎长期以来权力分散的形势，通过一系列措施推动形成了所谓巴黎新的"大都市范式"。具体的措施包括合并巴黎市及其近郊3省为巴黎大都市区，突出巴黎的核心作用，在更大范围内整合发展；在巴黎大都市区外围，鼓励自治市镇联盟进一步发展扩大，减少市镇一级行政主体的数量，整合规划权力。这一系列做法目的是在地方自治下分散化的行政权力与强有力的区域整合之间寻找新的平衡点，以此支持巴黎在大都市尺度上的发展。

(五) 巴黎大都市区治理的新范式

随着"大都市范式"治理模式不断与巴黎大都市区新的管理政策进行整合，国家又重新回归到了区域事务中。其主要原因在于，国家需要对全国性事务负责，而巴黎的发展已然成为全国性重要事务之一。①

1. 以立法构建大巴黎地区的治理模式

一方面，为弥补市镇分散的弱点，法国中央政府试图在20世纪80年代已经自发出现的自治市镇联盟的基础上强行推进市镇联合。1999年颁布的《舍维内芒法》（*Chevènement*）以加速市镇重组为目的，双管齐下，在行政上强制推行市镇联盟的同时，通过给予年度补助或者运行总资助（DGF）鼓励临近大城市的自治市镇扩大联盟规模，以协调市镇间的发展。2000年，中央政府颁布《城市团结和更新法》（*Gassot-SRU*），通过强制要求与规划相关的资料之间的协调，对之前的城市规划法典进行了变革，希望地方执政者把工作重点转向空间组织，要求把空间当作一种不可浪费的稀缺资源，而不

---

① 参见严涵、聂梦遥、沈璐《大巴黎区域规划和空间治理研究》，载《上海城市规划》2014年第6期，第65~69页。

只是简单地分配建设权。① 另一方面，为了提高大都市的管理效率，降低运营成本，法国政府于 2014 年 1 月正式通过了《大都市区法》(The Metropolitan Law)。该法律将原本的巴黎市及近郊 3 省合并为巴黎大都市区 (métropole du Grand-Paris)，并作为一个行政层级固定下来，以此支持巴黎在大都市区尺度上发展成为更具竞争力的全球城市。2016 年该法正式生效时，巴黎大都市区已经拥有 660 万人口，面积达 762 平方千米；与此同时，大都市区外 4 省的市镇联盟的数量由 41 个降到 11 个，每个联盟的城镇数量由 8 个增加至 38 个，平均每个联盟的人口数量由 9.5 万人增加至 35 万人。

2. 加强对巴黎大区总体规划 (SDRIF) 的审批工作

巴黎大区政府于 2004 年提交了总体规划的初稿，并于 2008 年 9 月提交了正式稿。其中第一稿主要提出了 3 个战略目标：缩小区域内的不均衡发展，积极应对气候变化，在全球化背景下提高区域地位；鼓励紧凑化发展，增加在科研和交通方面的投入；采用多中心模式来组织城市与经济的发展。然而，法国最高行政法院发现修订后的文件并不符合国会在 2010 年出台的"大巴黎"交通法，因此延迟了其规划审批。在与中央政府的多次协商后，巴黎大区总体规划在纳入了新的交通网络、新的大巴黎计划目标以及部分国际咨询的结论后，于 2013 年 12 月获得国会的批准。

3. 重新激活"建设型规划"

与 20 世纪六七十年代的政策类似，国家开始重新关注基础设施建设。其中一个重要体现是，2000 年中期国家开始重新运行其公共规划机构 (EPA)②，并对重要项目给予一定的公共资金。如拉德芳斯 CBD，Marne-la-Vallée 新城项目均在其 EPA 的管理下重新启动。在巴黎西南部郊区，原先停滞的"法国硅谷"项目也获得了国家的支持。

二、巴黎大都市治理的特征

(一) 以区域规划解决城市发展问题

纵观 20 世纪巴黎地区的历次区域规划，针对的问题从世纪初控制郊区蔓延，到 50 年代区域均衡发展，再到 90 年代建设所有人的城市以及欧洲中心和世界城市，其实质都是保持巴黎的持久繁荣。可以说，区域规划的出现是解决巴黎城市发展问题的实际需求，是通过区域城市化缓解单一中心过度城市化造成区域不平衡发展的尝试。区域视野从最初的城市聚集区逐步扩大到巴黎地区、巴黎盆地，扩大了城市发展的空间储备，增加了解决城市问题的途径，确保了区域城市发展的灵活性和持久性。

(二) 上下一致，促进城市发展目标实现

从某种意义上说，20 世纪末巴黎乃至巴黎地区的复兴与繁荣，其根本动因来自国家、地区、城市三个层面对城市发展逐渐达成的共识和相互之间的积极配合。这一方面

---

① 参见洪亮平、陶文铸《法国的大巴黎计划及启示》，载《城市问题》2010 年第 10 期，第 91～96 页。
② 参见陈曦、汪军《欧洲空间战略规划新动向：以大巴黎规划国际咨询为例》，见《2009 年中国城市规划年会论文集》，天津科学技术出版社 2009 年版，第 310～319 页。

得益于法律体系保障的层次规划编制的约束，同时与地区政府的协调职能也密切相关。地区政府通过区域规划发布城市发展的总体目标，地方政府则以此为依据编制详细的土地利用规划。总体规划与地方规划合理分工，确保了城市发展目标的一致性、持久性、可实施性。在总体规划和地方规划编制与实施的全过程中，国家、地区、城市始终保持着良好的合作关系，通过协商，以合作方式解决涉及整体利益的建设问题。

（三）以重点建设地区为中心，促进区域均衡发展

自从1956年的PARP《巴黎地区国土开发计划》规划提出多中心的布局结构以来，作为新的发展极核的城市中心始终是巴黎地区城市建设的重点。即使在1965年SDAU-RP《巴黎大区国土开发与城市规划指导纲要（1965—2000）》规划扩大了城市化地区范围以后，新城和新郊发展集合也一直是优先发展的重点对象。由于法国是中央集权制国家，国家投资在巴黎城市建设投资中占有相当比重。通过合理确定区域发展集合，集中力量有选择地重点建设地区中心，不仅能使有限资金得到最有效利用，而且有利于新中心在较短时间内形成，吸引相关产业和功能的集聚，尽快发挥辐射作用，带动周围地区的发展。这远比将有限资源平均分配到为数众多的城市中更加经济、有效。

（四）以区域交通基础设施建设协调地区整体发展

从20世纪60年代起，巴黎的规划者们就认识到，主要交通线路的布局决定了城市化地区的形态发展，这在过去或许是一种自发现象，但将来却完全是可以规划的。他们将这种认识自觉地运用到地区规划实践，通过先行建设区域交通基础设施引导城市化发展，通过构建区域交通网络来调控区域空间布局。在此后数十年里，交通设施建设始终是巴黎地区城市政策的重点，从高速铁路、城市地铁、高速公路，直到步行道路与各种交通转换枢纽一应俱全。巴黎地区境内形成了四通八达的交通网络，极大地提高了人员、物资的可动性，使巴黎地区在欧洲中心和世界城市的激烈竞争中占有优势，同时也成为巴黎地区推进区域城市化进程与促进区域整体发展的基础。[①]

第四节 德国柏林的大都市治理

20世纪90年代，随着全球化的不断发展，区域间的联系比以往显得更加重要，跨地域的公共事务治理问题逐渐进入人们的视野，成为地方政府面临的主要问题之一。正是在这种环境下，"新区域主义"在批判前面大都市区治理理论的基础上，主要针对同时制约相邻区域经济发展的问题，比如环境问题、区域空间规划问题等。旨在指引地方政府在跨地域问题上能够建立起协同合作的治理模式，制定共同发展的政治、经济政策，形成区域内互惠互利的网络组织体系。"新区域主义"还强调各地方政府既要有竞争还要有合作，这样才能实现资源最大限度的优化配置，建成一种"按需分配"的资

---

① 参见丁一文《国外首都圈发展规律及其对我国"首都经济圈"建设的启示》，载《河南大学学报（社会科学版）》2013年第4期，第63～73页。

源管理体制，避免资源浪费。

柏林是德国的首都，也是德国最大的城市，其传统工业发达，但其地理面积有限，不能满足经济发展的空间需要。勃兰登堡州围绕在柏林四周，地理面积广阔，境内有不少河流，农业比较发达，森林覆盖率高，能为柏林经济发展提供丰富的资源。在历史上两个地区的人民已经开始了经济贸易往来，特别是在德国统一以后两地区的互补性更加突出，所以两地居民交往更加密切。但是由于当时区域"碎化"现象比较严重，交通、通信等基础设施网络状态尚未形成，区域性公共问题突出，不利于区域整体竞争力的提升，区域协调发展迫在眉睫。

北京和柏林都是首都，都处在相邻区域的环绕之下。另外，两大都市区在发展过程中所处的阶段和遇到的问题相似。天津、河北地区作为与北京相邻的区域，经济发展水平与北京存在着比较大的差异；而其资源丰富，人口众多，如果资源整合合理、有效，便能够提升该区域整体的经济竞争力。从这个方面来讲，柏林－勃兰登堡首都区域的治理理念和制度对于我国大都市区的发展具有积极的借鉴作用。

一、柏林的大都市治理观察

（一）柏林－勃兰登堡区域规划合作

随着区域经济一体化和全球竞争的加剧，地区间协作对这些都市区的未来发展越来越重要。然而，行政壁垒与地方自治却成为阻碍跨区域合作的巨大绊脚石。即便是在最具备均衡城市体系和区域认同感的莱茵鲁尔，不同城镇区划之间的合作也并非像外界期望的那样顺利。在这种情况下，作为地方政府跨境合作的典范，德国唯一正式性的州与州之间的区域性规划合作机构"柏林－勃兰登堡联合区域规划部"（Berlin-Brandenburg Joint Spatial Planning Department），无疑为研究都市区协作和区域管治提供了一个珍贵案例。[①]

两德统一后，柏林及其周边腹地都在积极探讨统一发展的问题。1990年以来，在柏林和勃兰登堡间重建一个联合规划机构成为可能。在此之前，一堵墙不但把西柏林紧紧围起来，而且还割断了东柏林同部分腹地的联系。东西柏林之间那时也有一些契约性质的协议，如关于垃圾排放及处理的协议，但这无法保证一个大城市同其周边地区的正常联系。比如，柏林没有与任何区域的公共交通系统连接起来，其供电与供水系统也是独立的。建立区域性规划合作机构之后，在国家和区域双重层次上进行规划已是当务之急。交通联系要重新建立，新的工业和住宅区也要规划。整个城市的供应与废物处理设置也已经有了良好的开端。这是统一的另外一个形式，而且被广泛认为是迈向正常状态很重要的一步。

在1992—1995年间，大约有3.5万居民由柏林迁至其外围正在发展的郊区。与德国其他大都市区相比，这一迁移趋势是正常的。不过，对于柏林议会（市、州政府）

---

① 参见唐燕《柏林－勃兰登堡都市区：跨区域规划合作及协调机制》，载《城市发展研究》2009年第1期，第49～54页。

来说，这是一个令人不愉快的数字，因为每迁走一个人就意味着减少了一个纳税者。柏林区划方案依然允许在其边界线以内建设 20 万套住宅，但是地价和房租都比周边地区高得多。年轻的家庭大多倾向于在离市中心 20～30 千米的地方购房，但这又导致通勤交通的增加。与此同时，工业企业开始纷纷向城市边缘地区迁移，然而，这种工作地点的外迁往往与人口的外迁并不合拍，因为这些外迁的人口一般属于较高收入阶层，并且在城市中从事第三产业。[①]

为了避免城市的过度扩展和不必要的通勤交通，以及由此给环境带来的负面影响，柏林和勃兰登堡已经同意在未来发展中遵循"均衡布局、适度集中"的原则。在勃兰登堡的腹地将形成环形的区域发展中心。柏林与勃兰登堡以及各区域发展中心间将建立起快捷的铁路联系。在靠近柏林的地区，将重点发展 10 个这样的中心。

（二）柏林-勃兰登堡联合空间规划署

柏林和勃兰登堡是德国最早同意联合进行空间规划的州。早在两德商议统一的进程中，这两个州就清楚地看到了进行协调规划的重要性。在德国，没有别的地方像这两个州那样在社会、经济、文化及生态等方面具有如此紧密的相互联系。重新统一之后，双方立即进行了一些非正式的合作，这为正式的协调工作打下了一个良好的基础。

1992 年年底，区域统一政府委员会敦促两个州在长期区域规划问题上进行协调，无论它们是继续各自独立，还是合并为一个州。这样，柏林与勃兰登堡便创建了一个空间规划的协调机构。它们共同制订规划方案，而不是像其他类似的地方一样，由一方制订方案，然后再征求另一方的意见。经过 2 年的协商，柏林城市规划及环境保护局和勃兰登堡环境、自然保护及空间规划部提出了一系列的区域规划方案。这套方案包括：州级规划协议，柏林及勃兰登堡整个地区共同发展的战略方案，以及柏林大都市区发展方案。州级规划协议对柏林与勃兰登堡在空间规划上各自的职责进行了规定。根据这一协议，他们还建立了一个联合空间规划署，该署同时对柏林和勃兰登堡有关部门负责。关于这一机构的组织、程序、经费等问题则由双方协商解决。

联合空间规划署负责实施有关空间规划问题的政府决议。当双方出现分歧时，由州规划大会负责达成谅解并取得一致意见。州规划大会在各自州长的直接领导下工作并负责向各自的州政府提供有关决策建议。两个州也同意在有关规划事宜上进行密切合作。双方成立了地区规划会议，以确保双方在地区层次上共同参与和做出决定。地区规划会议的成员包括了州规划大会的成员，另外还包括 2 名来自柏林区一级的代表及 2 名来自勃兰登堡县一级的代表。这一论坛形式的机构主要对有关柏林土地利用的重大变革以及勃兰登堡区域发展问题进行讨论。州级规划协议为双方进行协调规划创立了正式的机构框架，而具体的土地利用的协调则是由州际共同发展的战略方案来指导。

公众参与是规划工作的一个基本要求。为了实现协调空间规划的目标，对各有关利益团体的民主要求应该予以充分考虑。所以，区域规划的目标必须为各市镇及县所认

---

① 参见 Manfred Sinz《关于大都市区的中心—边缘问题——以德国柏林为例》，聂晓阳译，载《国外城市规划》1997 年第 4 期，第 36～42 页。

可，并被纳入当地的建设计划中。另外，州政府也应充分考虑各市镇及县的规划目标，并把它们纳入地区和州规划方案中。州际共同发展战略方案确立了柏林－勃兰登堡地区规划的指导思想。其"均衡布局，适度集中"的原则为整个地区提供了均等的发展机会，并且有可能缩小大都会、大都市区及周边腹地之间的发展差距。

"均衡布局，适度集中"的原则不仅适用于空间规划，也适用于公共设施的规划。它主要包括两个方面的内容：首先，柏林－勃兰登堡地区的发展应该注重面上的发展，而不应该只集中在某一个点上。这不但适用于柏林边界之内的多中心发展，而且也适用于勃兰登堡全境。其次，这一地区的发展应该集中在一些特定的区位。所以，一个重要的工作就是对那些适于发展的区位进行选择。方案的制订者们竭力避免那种"随机盲目"的发展，同时也尽量避免发展过度集中于柏林的四周，因为无论是这两个发展模式中的哪一个都会对区域整体的发展产生不利的影响。

（三）建设具有可持续发展的核心项目

空间总体结构平衡项目和柏林－勃兰登堡货物综合运输工程项目中的核心项目是柏林－勃兰登堡大都市区可持续发展规划的重要内容。空间总体结构平衡项目充分体现了"集中分散"的原则，按照可持续发展的要求对大都市区的面元素进行了合理的布局和调整。货物综合运输工程项目从大都市区整体出发合理布局线元素，在大都市区发展中起到了积极的促进作用，同时，有效地减少了城市交通的环境遗留问题，避免了大都市区发展带来的新的环境问题。两个项目在大都市区层次上进行了线和面两种元素的规划设计，与在大都市区内各城市或者区域层次上的规划相比，具有明显的可持续发展特色。

1. 空间总体结构平衡项目

自德国统一以来，柏林与勃兰登堡的发展日趋联系紧密，因此，有必要对两者的空间结构进行整合。这种整合表现在以下方面：①明确城市边界；②建设环绕柏林的绿带；③沿铁路网的轴线进行集中式开发；④以分散化的形式保护文化、历史景观。但这种布局方式有可能干扰区域内部的经济整合，并导致城市沿景观带的蔓延。针对上述问题，联合规划局制定了通过"集中分散"平衡空间结构的模式。这一模式旨在减少无序的郊区城市化现象和促进居住区的健康发展。其要旨是：①保护和开发大块的开敞空间；②平衡居住区的发展以及发展的机会；③居住区开发采取沿轴线集中的方式；④保持与鼓励工业和以生产为导向的服务业的发展。在这一模式中，区域中心——柏林在区域内应该发挥关键作用，为此必须优先改善其环境质量。这一方面可以使周边地区从柏林市中心获得发展推动力，另一方面可以避免柏林市中心的空心化趋势。由此要求分散集中指导模式具有较高的法律地位，它应该对其他各级规划都有约束，尤其是对乡镇和专题规划，后者的内容应与分散集中化模式相协调。另外，区域公园的建设也十分重要。随着柏林墙的倒塌，柏林开始了郊区城市化的进程。这种进程对周边地区的农地和自然环境构成了严重的威胁。因此，有必要通过建设区域公园形成绿带，以便在柏林与直接影响区之间保持一个连续的开敞空间。计划建设的8个区域公园总面积达2000平方千米。

2. 柏林－勃兰登堡货物综合运输工程

柏林－勃兰登堡大都市区拥有 430 万居民和大量贸易与服务行业的业务，这需要大量的货物运输。仅仅 1996 年，就有 2600 万吨货物经过长途运输运到柏林。2010 年之前长途运输量将增加 2 倍。除此之外，区域本身也产生相当大的货物运输量。

柏林和勃兰登堡的货物运输原来主要是通过公路运输，通常是大型货车运少量的货物，因此导致大量运输能力闲置。公路货物运输的负效应显著，大型货车产生的空气污染与噪声，对城市的可持续发展是一个极大的挑战。相对来说，整个大都市区拥有对环境无害的卓越的运输网络，比如通过水路和铁路网络可以到达欧洲所有地方。因此，该项目制订了具体目标：将长途货物运输连接到发展良好的交通中心区位，通过适合城市的运输方式在此分发货物。通过在大都市区内提供运输链来避免"空返"，减少城市范围内的货物运输量与交通污染。通过采用环境无害化的运输方式减少公路长途货物运输。在大都市区的范围内集中建设少数几个地区贸易密集的交通中心。增加内城路网密度，大量增加内城面向周边地区的运输公司的数量，使得内城获利。

柏林－勃兰登堡货物综合运输工程在柏林东、西、南的三个地方规划了三个货物运输中心（GVZ）。选择原则是位于欧洲铁路和公路的交叉点，例如，Wustermark 货物运输中心连接哈弗尔运河与欧洲运河网络。为方便未来的货物分送，需要柏林及其周边地区补充规划货物运输中心系统。在自治市的层次上，要进一步巩固"支持经济运输的平台"的基础，以利于将贸易与服务部门合并在一起，并且能从这个层次更好地决定服务和贸易产品的运输。整合货物运输工程的目标有三个概念：避免交通堵塞、转移与流动。在 GVZ 系统内的集中长途货物运输可以减少重型货车通过柏林内城的可能性。为了做到这一点，运送给零售商与消费者的货物将使用适合城市运输的环境无害和灵活方便的小型货车。这样，分散的送货将变得较为容易，而且小型货车的灵活性将有利于城市交通的流动性。只在少数区位间产生货物运输对形成交通链的货物运输规划有着深远的意义，它可以避免"空返"现象，而且能减少城市货物运输量。从区域层次来看，货物运输将严格要求集中，首先运到货物运输中心，接着从这里再次分发，这样有利于环境无害化的交通管理。同时，区域外运的货物能在这些区位集中，并从这里出发实现环境无害化的长途运输。这样，这些区位既可以支持陆路货物运输者，又能为具有运输和仓储等综合功能的装卸枢纽提供广阔的空间。这有利于服务货物营运商，同时创造了设立公司的机会，这些公司可为交通部门提供进一步的服务。[①]

二、柏林大都市治理的特征

柏林－勃兰登堡联合区域规划部能够正常运行，科学合理的制度安排是重要保障。

（一）"分歧台阶"制度

当联合规划部内部或者两个州在发展过程中产生矛盾时，按照逐级向上的顺序把矛

---

① 参见熊军、宁越敏《柏林－勃兰登堡大都市区可持续发展规划及其启示》，载《城市问题》2001 年第 4 期，第 54～57 页。

盾交给上级解决，直到矛盾双方和解。在具体的运行过程中，首先由规划部部长在各办公室中征求意见，按照多数决策原则达成共识。若不成功，矛盾将上交州秘书处理，若还是无法达成共识则交由两个州的部长的议院进行交涉。"州规划会议"可以看作解决矛盾的"最后一关"，各方的最高负责人参加会议并做出最终决策。事实证明，90%的矛盾和问题能够通过此机制得到解决。

（二）办公室运行的"伙伴原则"

每个办公室的领导和职员分别来自不同的州，这个原则与《中华人民共和国公务员法》（以下简称《公务员法》）第六十九条规定的回避原则有一定的相似性。例如，"土地开发的基本原则，结构政策"办公室由勃兰登堡州掌管，其办公室主任来自勃兰登堡，而其下属基本来自柏林。这种原则能够在制度上保障柏林与勃兰登堡在地位上的平等性，保障政策的公平公正。

（三）非正式的规划合作

除了正式的部门合作交流之外，规划部还鼓励、支持非正式的民间组织交流。因为联合规划部在制定政策时一方面要考虑除了正式机构以外的利益集团、企业家、学者、公民的利益，另一方面还要得到他们的帮助。所以，规划部往往鼓励公民的政治参与意识和行动，以促进社会各阶层与规划部之间的交流。例如，两个州都设有"城市或州论坛"，其为不同地区的公民和团体进行对话与信息沟通提供了良好的平台。

（四）政策制定过程中不设定发展目标

规划部只制定有关大都市区的治理原则和发展框架，并不设定既定目标。这种政策制定方式是当今世界的主要潮流，有利于避免发展目标与实际进程之间相互脱节的问题，以防出现为实现目标弄虚作假，只求效率不讲质量的不良现象。[①]

第五节 欧美国家大都市治理的经验归纳

虽然欧美各国的政治、社会、经济与历史的背景条件不同，遇到的问题也有所不同，但是现代城市发展的基本趋势应该是一致的。如果按照城市更新及相关理论发展的脉络来进行分析，可以看到，"二战"后欧美城市特别是内城和旧城更新的理论与实践经历了很大的变化，基本上是沿着清除贫民窟—邻里重建—社区更新的脉络发展。指导旧城更新的基本理念也从主张目标单一、内容狭窄的大规模改造逐渐转变为主张目标广泛、内容丰富、更有人文关怀的城市更新理论。按照有关大都市治理更新的理论发展脉络进行梳理，可以看到如下的几点经验。

---

① 参见刘思阳《德国柏林—勃兰登堡首都大都市区治理评述》，载《中文信息》2015年第3期，第65页。

一、持之以恒、机构权威、政府支持、理念培育

从人的角度看，城市只是人类的聚集地；从艺术的角度看，城市是一件艺术品。艺术品的完善需要精雕细琢。城市的健全，需要认真规划，并持之以恒。欧美都市圈发展之所以能够实现经济整合功能，首先与大都市圈发展的三大经济整合机制的作用是分不开的。虽然都市圈发展的经济整合机制不尽相同，但是都有对其都市圈发展制定缜密的城市规划的相应机构，这些规划机构虽不尽相同，但都是保证欧美几大都市圈实现经济整合的权威机构。"纽约区域规划协会"（RPA）属于民间机构，巴黎大都市圈则直接由政府负责编制大都市圈规划。由此看出，对于大都市圈经济整合规划制定与实施，无论是依靠民间机构，还是专门机构或政府机构，这些机构都具有组织权威性和思路不变性的特征。欧美都市圈这些机构通过不同的形式和作用引导大都市圈经济整合的顺利实施。再者是对大都市区域治理理念的培育。在公民主体、地方自治的文化传统下，在国外大都市政府普遍面临"政府失灵""市场失灵"的双重困境下，各国都在积极寻求政府与非政府组织结合，试图通过行政手段与市场手段相结合的方式解决大都市问题。随着市场化的不断发展，国家公民的主体意识不断加强，初步达成了一个基本共识：政府不需要垄断一切合法的权力，除政府之外，非政府组织也可以在社会经济管理中发挥积极的调节作用，这种共识与治理理念不谋而合。所以在大都市治理理念中我们要不断加强公民的主体意识，大力发展非政府组织，培养大区域治理理念。从树立平等协商、交流合作的治理理念出发，以尊重、平等、协商、合作、信任的态度，通过大都市区全体成员间的协商沟通来解决问题，不能凭借行政等级、城市规模、经济实力等以权压人、以势凌人，使治理理念不仅仅停留在理论上，更要运用到大都市区治理的实践中去。

二、发挥政府机制的作用，利用区位优势

大都市圈发展的基础是优越的地理条件。纽约、伦敦、巴黎等都市圈在发展过程中，依托平原，利用港口，结合城市轨道交通、公路、铁路、航空、通信形成了一套立体交叉的基础设施网络系统。这一系统的完成，为都市圈发展的经济整合奠定了良好的基础条件，起到了至关重要的作用。同时，在大都市区治理中，要明确各治理主体的职能。首先，要梳理各治理主体的"缺位""越位""错位"问题，对其职能进行清晰地分工；其次，要以法律的形式对职能分工予以确认。发达国家尤其是欧盟各国的大都市，在区域协调机构设立及调控政策制定与实施上大都做到了有法可依。如英国先后针对大都市区域发展颁布了《特别地区法》《工业布局法》《工业就业法》《高地与岛屿发展法》等法律法规。[①] 这些法律法规的出台，增强了各治理主体的权威，明确了各治理主体的权责利，强化了各治理主体的职能归属。美国等国家大都市区治理的成功在很大程度上也是由于建立了一套健全的城市管理法规体系，使得大都市区治理完全成为一个法制化的过程。虽然我国各类法律都在不断地完善，但是关于大都市区治理方面的法律覆盖面仍然不够，操作性不强，还需要在大都市区治理法规方面下功夫去补充和完

---

① 参见黄珊《国外大都市区治理模式》，东南大学出版社 2003 年版，第 143 页。

善，使大都市区治理真正能够做到有法可依。针对我国大都市区发展的具体情况，应该将探索大都市区管理体制与大都市区立法体系一起来，以权威、正式的法律来规范大都市区管理体制；以权威、正式的法律来明确大都市区各治理主体的职能分工和权责利归属。

三、设立大区域管理制度

从国外来看，伦敦就形成了强有力的大都市区政府，这种集中式的大都市模式与我国的政治体制具有相宜之处，而且又可以通过界定大都市政府与自治市的不同职能保障地方的自治传统。同时，伦敦自治市议行合一式的政治过程，也与我国的基本政治制度相契合，易于借鉴。此外，特定的联合委员会的存在，使得中央与都市区、自治市三方得以很好地协调沟通，既强化了中央政府对大都市区的宏观指导，又促进了大都市区政府与中央政府的良性互动、相互信任。借鉴其经验，我国首先要改良传统的市管县行政管理模式。在"市－县"矛盾问题上，许多学者提出"省管县"思路。但这样一来，政府的行政成本将会上升，而且涉及大量组织人事问题。"这样的改革依然没有跳出传统体制的怪圈，矛盾激化—调整行政建制—矛盾再激化—再调整行政建制。"① 市县矛盾的根本在于行政体制的等级化与二者职能的同质性。前者是管理体制中不能改变的特征，而职能变动相对来说比较容易实现。不如效仿国外大都市区二层管理体制的职能分工原则。以实际国情而言，可以从经济原则划分出"都市区"与"地方经济区"这两个具有实质职能分工区别的经济角色，而非"地级以上城市"与"县级城镇"这样的行政角色。通过协商、合作的方式确立职能分工范围，逐步将宏观经济协调的职能转移到都市区政府，县（市）（包括中心城市）的政府负责所在城市的日常社会服务职能。如此一来，既符合我国集中统一的文化传统，又有利于解决多行政层级带来的低效率问题。这种适应市场经济的思路，还可能治疗"行政区经济"这一顽症。②

大都市区政府在纵向上缓和了省市县的矛盾，区域委员会则在横向上加强了各区域间的协调与合作。在美国的大都市区管理体制中，除了官方的大都市区管理组织外，还有为数众多的区域委员会充当都市管理职能的补充角色，促进了大都市区的有序发展，在一定程度上消除了地方政府相互竞争所造成的负面影响。区域委员会在政府合作方面有其独特的优势：第一，它是非官方机制，比较容易创设，适合成为大都市一体化的切入口。第二，区域委员会专业性强，可以提出科学有效的解决方案。第三，可通过区域委员会的对话沟通机制，增强地方与地方之间的良性互动，努力改变政府主体的"行政经济区"观念，减少城市主体间的恶性竞争，形成产业互补，化解地方保护主义。必须注意的是，区域委员会是非政府组织，它在决策规划、效用性和权威性等方面存在着缺陷。"如果区域委员会享有更多权威，资金来源更加充足和稳定，委员会成员少一点乡

---

① 参见陈云、顾海英《国外大都市区域协调发展的基本特征及政府调控措施》，载《经济纵横》2006年第9期，第53页。
② 参见李金龙、雷娟《国外大都市区治理模式及其对中国的有益启示》，载《财经问题研究》2010年第8期，第114～118页。

土观念,多一点合作意愿,那么通过区域委员会来实现大都市区治理就更为有效。"[1]这就需要各成员政府的支持,并且将区域委员会的地位、职责以法律形式确定下来。当前我国城市发展处于高速前进阶段,在环境保护、资源开发和生活安全等诸多领域面临着严峻挑战,增强合作沟通有百利而无一害。面对城市间共同的问题与挑战,借鉴法国"社会发展合同"的形式,有的放矢式地建立合作平台,也是大都市区乃至区域管理机制发展的一种重要模式。

四、以市场机制为纽带,社会机制为基础

从市场经济社会发展的一般规律看,城市是工业的载体,现代工业都是依托城市展开的,产业链是城市经济和区域经济发展的生命线。解决城市扩张、人口膨胀、就业困难等问题,离不开产业结构优化配置和产业链的形成。从纽约、伦敦、巴黎等几大都市圈经济整合的过程可以看出,以市场机制为前提,准确的产业定位与产业链的建立,并按照市场经济规律的要求,不断进行产业结构优化配置和建立有效的产业链是其实现经济整合的必要条件。

创新不仅是一个国家与民族的灵魂,也是一个国家兴旺发达和城市实现可持续发展的不竭动力。纽约、伦敦、巴黎等都市圈经济整合的目的就是为了实现整个大都市圈的可持续发展。要实现大都市圈的可持续发展,只有科学的规划还只是对大都市圈发展的一个思路的描述与一个蓝图的绘制。真正推动大都市圈发展的动力是各种创新,尤其是技术创新和自主创新。为了实现这个目标,欧美都市圈都是以市场为纽带,以社会机制为基础来构建整个大都市圈的创新,从而提升了整个大都市圈的竞争力和可持续发展能力。

五、立足当前,放眼未来

在纽约、伦敦、巴黎等几大欧美都市圈发展的经济整合过程中,尽管可持续发展观念还没有像今天这样被人们重视和形成完整的理论,但都市圈在进行圈内不同城市之间的人口规划、就业安排、基础设施建设、产业链推进的过程中,政府都是立足于国际经济环境的发展变化来构建自己的大都市圈发展模式;并且,充分利用社会机制与市场机制在其所起的作用,考虑生态环境建设和资源环境保护来进行大都市圈发展的规划,从而保证了大都市圈经济整合的可持续性。

---

[1] D. K. Hamilton. Governing Metropolitan Areas: Response to Growth and Change. Garland Publishing, 1999: 242.

第三章　亚洲国家大都市治理的特征及其经验

第一节　日本东京的大都市治理

日本明治维新以后加速了工业化与城市化的进程，在打破行政分割，积极发挥中心城市功能和发展城市与企业间横向经济联系的基础上，形成了以东京、大阪、名古屋为代表的三大都市经济圈。其中，首都圈－东京大都市经济圈最为典型。该经济圈以东京都为中心，由内核区、中层区、外层区组成，包括东京、埼玉、千叶、神奈川、茨城、栃木、群马、山梨"一都七县"，总面积约33933平方千米，占全国总面积的9%；人口4270万人，占全国人口的33%（2007年）；人口密度每平方千米1256人，是全国平均水平的3倍多；区域内生产总值占全国的37.3%，第三产业比重高达80.1%。此外，东京大都市经济圈还是世界闻名的城市聚集区，城市化水平达80%以上。① 除了部分绿化保留区域和极少数农田区域之外，几乎可以用"都市延绵区"的形态来概括东京大都市经济圈的地域特征。

东京大都市经济圈是日本最大的金融、工业、商业、政治、文化中心，实现了城市发展的多核心化，被认为是"纽约＋华盛顿＋硅谷＋底特律"型的集多种功能于一体的综合性大都市圈。作为亚洲的世界城市，东京有着不同于纽约和伦敦的发展轨迹。它在经历了漫长的历史演变过程之后，首先作为亚洲快速现代化的帝国主义政府的首都，然后才发展成为在全球化的世界经济中第一个非西方的重要节点。

1956年，日本政府实行了"首都圈整顿方案"，规定以东京为中心、半径100千米以内的地区，构建一个"首都圈"，颁布了《首都圈整治法》，并于1958年编制了第一个大东京都市圈建设规划，奠定了区域同城化发展的基础。1968年，日本又发布了第二个大东京都市圈建设规划，提出了将东京作为经济高速增长的全国管理中枢，并实施以实现合理中枢功能为目的的城市改造。这次规划使东京中心区实现了大规模的城市改造和城市外围地区的开发建设。第三次大东京都市圈建设规划于1976年出台，规划中提出了在首都圈中分散中枢管理功能，建立区域多中心城市复合体的设想。第四次大东京都市圈建设规划于1986年制定，进一步对周边城市的职能定位与发展布局进行了调整，同时提出了要强化中心区的国际金融职能和高层次中枢管理职能的设想。（见表3－1）

---

① 参见刘祥敏、李胜毅《一体化分工跨区域合作的典范——东京大都市经济圈发展的经验和启示》，载《天津经济》2013年第12期，第16～19页。

表 3-1 日本首都圈五次基本规划内容

时间	背景	地域对象	人口规模	区域整顿方向	特点
第一次 1958—1967 年	应对人口、产业向东京的集中，建设与政治、经济、文化中心相称的首都圈	离东京市中心半径约为100千米的地域	整个地域人口在1975年达2660万人，抑制建成区人口，疏解地开发区域吸收人口	在距东京市中心半径16千米处，设置5~11千米宽的绿带，阻止城市无限地蔓延。将新宿、涩谷、池袋建成综合性副中心。在绿带外围设立城市发展区，建设13座卫星城，吸收人口及产业	集中制约防止都市蔓延
第二次 1968—1975 年	随着经济高度增长的社会形势变化，绿色地带构想的重新认识以及与之相应的近郊整备地带的制定	东京、埼玉、千叶、神奈川、茨城、枥木、群马、山梨等八县市	趋势型，1975年首都圈人口总数预测为3310万人	将生产、周转功能和研究设施向东京外围地区疏散；建成区作为分担中枢功能的地域，对都市空间再组织。代替绿色地带，设定绿色整顿地带。谋求市区有计划地展开及绿地空间的协调共存。在周边各城市开发区，继续推行卫星城市的开发政策	大都市复合体
第三次 1976—1985 年	应对由于第一次石油冲击而引起的经济、社会形势的变化	东京、埼玉、千叶、神奈川、茨城、枥木、群马、山梨等八县市	抑制型，抑制首都圈的全体，使1985年人口控制在3800万人，东京大都市地区要减少人口，周边地区要适当增加人口	再次强调分散中枢管理功能，提出在更广阔的地域范围内建立多中心结构。副中心不仅是商业中心，而且应成为高度独立的具有多种功能的地区综合中心，尽量满足地区的就业居住平衡。谋求周边区域的社会的、文化的机能，形成不依存东京大都市地区通勤的城市近郊外围地	多中心大都市复合体
第四次 1986—1998 年	根据人口缓慢增长的固定增长率及国际化、高龄化、信息化、技术革新等社会变化，面向21世纪而制定	东京、埼玉、千叶、神奈川、茨城、枥木、群马、山梨等八县市	渐渐采用以自然增长为中心的人口增长基调，缩小人为增长。首都圈人口总和在2000年计划为4090万人	改正东京大都市圈一极依存构造，形成以业务小都市等为中心的独立都市圈，把它当作多元化地区构造进行再建造。对周边地区，在推行以中型都市圈等为中心的各机能的集聚的同时，还要强化各地区之间的联合以及以提高地区的独立性为目标	独立都市组团结构

续表 3-1

时间	背景	地域对象	人口规模	区域整顿方向	特点
第五次 1999—2015 年	以多样价值观为基础的个人活动的活跃化；高龄化的前进，人口减少局面的到来；信息化、国际化的进展；对环境的意识及行动的提高	东京等八市，并包含从广域合作角度考虑的周边地域	以自然增长为中心，从 1995 年的 4040 万人增加到 2011 年约 4190 万人；之后人口减少，2015 年达到 4180 万人	由目前的向东京中心部的一极依存构造，形成首都圈各地域以据点都市为中心的高独立性地域，并进行相互机能的分担、合作、交流，以形成分散型网络构造为目标。为此，将成为首都圈的业务核心都市与关东北部、内陆西部的综合都市圈作为"广域合作据点"促进其培育、整顿的同时，强化据点间及其他地域等的合作交流。另外，把各地域活动中心都市作为"地域据点"提高其集聚功能	分散型网络构造

一、东京的大都市治理观察

"二战"后半个多世纪以来，为适应经济社会的发展和居民需求的变化，东京在治理方面经历了一系列变革。在运作机制上，从政府主导、官民合作走向多元主体参与；在价值取向上，从"以管理为目标""以物为指向"走向"以人为本"。国际化大都市东京，正在形成政府适时提供服务、居民自治组织、非营利团体以及地域内企业参与的社区治理模式，共同携手营造安全、健康、便利、舒适的"第三空间"。

(一) 战后经济衰退期（1945—1949 年）

由于战争的浩劫，加之美国对日本的管治，担心日本军国主义再次复燃，战后到 1950 年，日本处于严重的经济衰退时期。不过这段时间日本还是提出了宏大的"帝都再建方案"，并以此为方针，确定了东京的"战灾复兴城市规划"，基本上都是参照了阿姆斯特丹会议（战前及战后复兴期的东京都市全规划在很大程度上都是受到了这些规划原则的影响。例如，控制城市超大发展的思想、卫星城政策、绿化带规划、土地利用管理制度的重要性等）。提议的大都市发展方式，并不主张将东京发展成特大城市。由于过于理想化以及美国的严加管制，"战灾复兴城市规划"中途停止，但是实施的一些项目大多为后来东京城市发展奠定了良好的基础。

帝都再建方策

"帝都再建方策"是作为"国家的百年大计",以发展农业工业一体化的生产性城市、规划人口为 300 万人的绿色健康城市为目标而制定的。其中的主要理念在 1946 年的"东京都政概要"中得以进一步的诠释。其中主要的规划原则被总结为以下五点:

- 将必须设置在首都的一些主要设施,疏散到 40 公里圈内的卫星城市中;
- 为控制东京与卫星城市的人口增长,将主要城市之间的中间地带规划为农业地区;
- 建设连接东京与其他各城市的交通网络;
- 作为东京城市规划的主要内容,制定人口规划、土地利用规划和设施规划,并配合其实施、推进土地区划整治;
- 城市人口的规划目标以 350 万人为基础,与人口的自然增长合计为 500 万人。

——摘自《城市管理创新:世界城市东京的发展战略》

(二)战后经济复苏期(1949—1955 年)

1949 年以后,以苏联和美国各自为首的世界两大阵营进入了冷战状态。这时的美国改变了对日本的态度,从以前遏制日本经济的发展转变为复活日本的资本主义。朝鲜战争期间,日本基本上成了美国的后勤保障基地,这在相当大程度上刺激了日本经济的复苏。1950—1955 年,东京进行了大规模的城市建设。1953 年,首都建设委员会公布了"首都高速公路规划",明确了高速公路网的规划和实施方案。为了促进东京都机动车交通的发展,1954 年,东京都政府制定了"停车场建设促进法案"。1954 年,第一条地铁开通。住宅建设也成为复苏时期的一项重要内容。1953 年公布实施《首都圈整治法》,首次明确地将东京都与其周边地区作为一体化的区域设定为法定规划对象。可以说,这表明了东京城市发展已经真正进入大都市圈发展阶段。

另外,《首都圈整治法》还将规划对象的都市圈分为现有市区、近郊地区和城市开发地区三种地区,通过制定基本规划、整治规划与项目规划,以推动首都圈的建设和发展。随着城市及周边地区人口的快速增加,住宅、交通、供水等各种城市设施的服务能力,越来越难以满足城市发展的需要。这些问题在战前就已经开始显现,而在战后的复苏期,又一次成为需要急切解决的区域性问题。面对都市圈发展的现实需要,为了积极协调区域发展过程中出现的各种问题,以区域性的眼光、更加宏观地综合考虑城市发展的方向与目标,都市圈规划作为一种新的规划制度被引入东京都的规划历史。

(三)战后高速增长期(1955—1970 年)

1955—1970 年是日本经济的高速增长期,主要体现在这一时期日本的一系列经济规划中提出了以劳动力完全就业为目标,并在 1960 年公布了"国民所得倍增规划"。在此期间，由于产业设施和大学设施的集中带来的人口流入，东京及其周边地区的人口出现急剧膨胀。快速的人口剧增又使得追求聚集效应的资本与产业功能进一步集中。

1. **重新调整城市发展格局**

由于城市规划的扩大，城市问题大量出现。1958年的"第一次首都圈整治规划"和1963年的"东京都长期规划"均提出规划的首要任务是"控制并分散人口与产业设施的过度集中"，并开始对一定规模的工厂和学校的新增项目进行控制，在东京周边地区建设工业卫星城市，分别对工业设施、行政办公设施以及商务流通设施进行分散。

2. **重新调整大都市圈发展规划**

20世纪60年代是东京城市规划的一条过渡线，在此之前，东京的城市规划都是消极地控制其朝超大城市发展，许多城市规划都参照了阿姆斯特丹会议的成果，主张控制城市发展规模。而1966年东京都政府公布的"今后的东京——20年后的展望"首次肯定了东京发展成为巨大都市圈的必然趋势，并提出了东京的城市政策不应是消极控制，而应是积极引导。

3. **疏散、引导城市功能**

1963年，首都圈整备委员会的一份报告中指出："东京需要在分散过度密集的城市功能、进行城市机构重组的同时，考虑将中心区的现有功能向周边的城市分散，通过相应发展新的城市交通体系，以有效地促进多核型城市结构的转换。"同时，东京也通过新城建设来分散其城市功能，东京周边地区自20世纪60年代以来，规划了包括筑波学园城市、多摩新城等多项大型的开发项目。与战前和战后复兴期小规模的改善性城市再开发项目和住宅小区建设项目有很大的不同，这些新城项目更加系统、更加综合与更加专业。

（四）稳定增长期（1970—1985年）

以1973年的"第一次石油危机"为转折点，日本的经济发展开始放缓，逐渐进入稳定发展的时期。随着经济发展速度的放缓，东京都市圈的建设也开始减速，"多核心型"城市形态逐步形成。

在20世纪70年代到80年代期间，东京都的人口变化呈现两个显著特点：一是由于都市圈的扩张，常住人口从东京向周边地区迁移；二是中心区就业人数显著增加，东京的城市功能越来越集中，"一级集中"的矛盾并没有改变。为了解决这个问题，政府以及一些学者开始在原先提出的发展建设副中心的设想基础上，逐渐形成"多核心型"城市结构理论。对于"多核心型"城市结构的内容和建设实施步骤在1986年的"第二次东京都长期规划"与1990年的"第三次东京都长期规划"进行了更加详细的阐述和进一步发展。

同时，为了分担东京日益集中的商务办公功能，1976年的"第三次首都圈基本规划"和1986年的"第四次首都圈基本规划"被提出并逐渐形成了"商务核心城市"的概念，即以商务核心城市为中心，分别形成若干个独立的自立性都市圈，最终在东京都市圈范围内形成"区域多核心功能分散"的都市圈结构。

(五) 泡沫辉煌期 (1985—1990年)

1985年"广场协议"签订之后，日本的利率开始下降，低利率刺激加剧了房地产和股市的炒作程序，地价与房价猛烈上涨，经济进入了泡沫繁荣时期。在1984至1991年期间，日本的经济出现了年均4.58%的高速增长。随着经济全球化的发展，日本凭借雄厚的外汇储备和经济实力一跃成为GNP（国民生产总值）占世界总量15%的世界经济强国，在以经济实力和强劲的日元为依靠的海外投资逐年扩大的同时，世界范围内的人流、物流、信息流与资金流加速流向日本。在人的交流方面，以商务、文化交流为目的的出入境申请持续增加，东京都市圈内登记的常住外国人的人数和年增长率逐年增加。这反映出东京与国外的商业、文化方面的交流明显加强。在经济方面，随着日本逐渐发展成为世界经济强国和金融大国，在国内银行及证券公司的海外投资逐渐增加的同时，海外金融企业在东京都市圈内的投资也表现出同样的增长趋势。

在泡沫繁荣期间，东京城市开发在规模和内容方面与前一时期相比，有了较大的区别，表现出了大型化、综合化的特点，许多项目的规模都超出了单体建筑的规模，达到整个街区或地区的规模，这些大规模开发主要以商业和商务办公类设施的综合开发为主。

(六) 经济泡沫破灭后期 (1990年以后)

进入20世纪90年代，日本经济泡沫开始破灭。泡沫破灭后的东京，地价与房价均出现了大幅度下跌，东京中心市区的商业用房和办公用房空置率相当高。但是，随着住宅价格的下跌，一些由于在泡沫时期房价太高而离开东京中心市区居住的人在泡沫破灭后又陆续回到东京中心市区居住。

2005年，东京地价出现转折。根据日本国土交通省的年度调查显示，由于建造办公楼的需求增加，截至2005年7月1日，拥有23个区的东京平均地价上涨，这是自1990年以来，东京地价首次上涨。其中，居住区地价上涨0.5%，商业区上涨0.6%。[①]

二、东京大都市治理的特征

(一) 具有前瞻性的政府规划和引导

在东京大都市经济圈的发展过程中，日本政府对工业发展和城市布局起着重要的指导作用。以东京为核心的首都都市圈规划大约每10年修订一次，每次均根据国际背景变化、国内战略要求，做出适应性调整和完善，到现在已进行了五次大规模规划。通过历次规划的指导和约束，日本人口与经济过度向沿海和中心城市集中的倾向得到遏制，都市圈内各城市规模体系完备合理，分工也较明确。这抑制了东京都职能的过度集中，推进了核心城市与周边次核心城市的职能分工与协作，积极构建了一个居住和工作相平衡的都市地域结构，引导着都市圈基本上沿着健康的轨道发展。

---

① 参见陈淮《国际大都市建设与住房管理》，中国发展出版社2007年版，第232页。

同时，东京行政区的面积为其发展留下了广阔的空间。东京行政区的面积有2000多平方千米，这样广阔的空间为将市中心的工厂迁往都外、提高都心部的管理功能留下了余地。例如，作为东京新都心所在地的新宿原是淀桥净水厂的厂址，1965年该厂转移到东村山之后，地方政府便利用这块场地建起11个街区，现在的新宿已发展成为三井、住友等一些大企业的经济管理中心。京滨工业地带是以东京都为中心，工业沿着一级公路呈放射状向外扩展，首都圈从半径50千米扩大到100千米，把宇都宫、水户、熊谷、深谷都包括在内。向西延伸到相模湾形成湘南临海工业区；向东在工业落后的茨城县，新建鹿岛临海工业区；再向关东内陆发展，建有关东内陆工业区。另外，有的大企业从中心城市迁址后，不是把场地卖掉而是以契约或其他形式与有关企业组成临时性的联合开发组织，修建管理用的设施或其他社会设施，使经济管理机构在中心城市里得以发展。

（二）确立中枢管理功能与全面提升现代化管理水平

东京是日本国家机构的集中地，作为经济发展主体的大企业的管理机构，为尽早获取信息与行政管理机构同方向前进，纷纷将总部设在东京，经济管理机构主要包括大企业的管理本部和金融机构以及大型流通机构这三大主体。东京都实际上是一个由都心部和周边的卫星城市组成的都市圈。为发挥以上中枢管理功能，都心部与卫星城市之间、卫星城市与卫星城市之间实际上都是相互依存、互为条件而发展的。从日本的经验看，东京集中了日本最多、最大的公司和最优秀的人才。可以说，日本经济的中心全部集中在东京和大阪，但东京的城市中心区几乎不见工厂，这一现象与日本将工厂设置在周边地区，而只将公司的管理机构设置在东京中心区有关。[①]

以防灾灭灾为例。近些年来，为了把东京建设成为一座能够抵抗强灾的城市，他们正在积极推进一项称为"放心居住城市"的计划。早在1991年，日本就成立了东京都防灾中心，针对随时可能发生的灾害，采取有效的应急行动。东京都防灾中心下设灾害对策本部、防灾中心联络室、通信室、指挥情报室和夜间防灾联络室5个机构。整个东京都防灾中心位于东京一幢大楼内，该楼楼顶上还设有直升机停机坪，以备特殊情况下使用。东京都防灾中心被誉为世界上最先进的指挥系统，能够迅速、准确地了解和掌握受灾的最新情况。

（三）核心经济与服务功能区联动发展

东京是东京大都市经济圈的核心，是世界上经济活动最为集中的城市之一，集中了众多大型企业的总部、银行、股票市场和广告代理商。东京较早推进大都市服务功能区的建设，先后规划形成池袋、新宿、涩谷、大崎、上野·浅草、龟户、临海等七个副都心。当前，为疏解中心城区压力及促进产业集群化发展，东京在其中心城区及外围区域合理布局和建设了一批以新城体系建设为支撑的现代服务功能区，其中包括中心商务区

---

① 参见苏智良、沈晓青《东京：国际大都市之路——兼论对上海的启示》，载《上海行政学院学报》2004年第2期，第98～105页。

（如银座、新宿等）、特色功能型新城（如筑波科学城、八王子大学城等）、地区综合服务中心（即城市副中心新城）以及公共交通导向型居住新城等多种类型，形成支撑东京作为国际化大都市的战略性空间框架。

再者，政府的重点扶持政策对中心大都市的发展起了重要作用。在经济发展进程中，日本政府重点支持三大城市经济圈的发展，带动了整个经济的增长。政府扶持的主要措施是通过行政投资促进大都市的发展。在20世纪70年代中期以前，日本政府对三大城市圈内行政投资（即政府出资用于基础设施等的建设）占对整个国家投资的61%～63%，而用于除这三个地区以外的占总数的37%左右。这是日本产业向这三大城市圈高度集中的重要原因，也是这三大城市圈在国民经济中占有举足轻重地位的重要原因。[①]

（四）以集约化产业链为格局的发展模式

东京的工业结构演化模式按照都市圈发展规律，需要有较大的经济中心城市驱动并成为都市圈的核心。东京包括土地在内的各种自然资源十分有限，所以东京在发展中运用了不同于欧美国家城市发展过程中低密度、粗放式的扩张模式，而采用了以便利、完善的基础设施为基础，以集约化产业链为格局的发展模式，形成疏密相间、适度集中的都市圈。东京的工业进程经历了初级工业化、重化工业化、高加工化和知识技术高度密集化阶段，走过了一个逐步高度化与产业结构不断优化的发展道路。

首先，在工业结构高级化过程中，经济结构呈现出高技术化趋势。其次，都市型工业是能够广泛吸收就业、为满足现代城市功能服务的行业。这些行业一般具有劳动密集、花色品种变化快、耗水少、污染低、占地少的特点。从东京工业结构的演化来看，都市型工业在整个过程中都发挥着重要的作用，一直位于主导行业之列。再次，制定合理的产业政策，推动产业链形成，有助于促进产业结构调整和经济发展。在东京都市圈形成的过程中，日本政府积极、适时、主动地实行产业结构调整政策，从而促进了产业结构的优化升级。最后，充分重视与构筑合理的产业链，以优化的城市职能分工促进区域共同发展。

（五）统筹联动促进经济一体化

行政区域划分通常会成为经济一体化发展的主要障碍之一。例如，东京湾的六大港口分别属于不同的行政区划，利益划分鲜明，彼此之间的竞争也十分激烈。因此，东京都市圈中政府参与统筹规划各港口的职能，各个港口有大致的分工。东京港主要进口食品及其他生活消费品，横滨港主要进口工业制成品，川崎港周围集中了很多炼钢厂和发电厂，所以需要进口大量的原料和燃料。日本国土交通省关东地方整备局港湾空港部现在正会同一些民间组织，研究对现有的《港口法》进行修订，推进东京湾港口的一体化发展。

[①] 参见苏智良、沈晓青《东京：国际大都市之路——兼论对上海的启示》，载《上海行政学院学报》2004年第2期，第98～105页。

（六）完善的法律保障体系

法律上界定了首都圈的范围与发展方向，随后又相继颁布和制定了首都圈市街地开发区。日本首都圈的建设，首先得益于法律的保障。日本是一个法治国家，一切活动均以法律为依据，城市建设也不例外。为了推动与保证首都圈的建设，日本国会于1956年制定了首都圈整备法，首都圈市街地开发区域整备法（1958年）、首都圈建成区限制工业等的相关法律（1959年）、首都圈近郊绿地保护法（1966年）、多极分散型国土形成促进法（1986年）等多部法律法规。在制定相关法律保证建设规划顺利实施的同时，根据首都圈实际发展变化及时修改、完善相应的法律也是其成功的经验。首都圈整备法在制定后就随着五次基本规划的进行经过了数次修改完善。一系列法律法规的完善与实施，不仅促进了首都圈城市内部和城市之间的协调发展和生产力的合理布局，更为重要的是使首都圈的规划有法可依，使首都圈的建设与管理纳入了法制轨道。

都市圈规划的制定和实施需要法律依据。日本的规划法律体系非常完备，除国土开发规划法、城市规划法等基本法外，还专门为都市圈规划与地方规划分别制定了法律。如东京都的城市规划所依据的是首都规划法，筑波的城市规划所依据的是筑波研究学园都市建设法等。每个层面的区域和城市规划都有具体的法律作为编制与实施的保障，规划涉及的各方面主体都要严格执行法律，不存在执行规划时部门之间不协调的问题。都市圈规划确定的是总纲式的构想方案，对于具体事项要通过专门立法、国家协调和地方实施等方式落实。首都圈规划中提出的许多问题不是东京本身能够解决的，比如新航空港的选址需要国家协调与国会审议，而东京湾综合整治则需要专门制定法规。

（七）以公共交通为主的基础建设

城市发展，交通顺畅至关重要，注重方便、快捷的交通网络体系建设，是确保大都市经济圈产业联动与一体化发展的前提和支撑。东京大都市经济圈绝大部分的客运依赖轨道交通。目前，该都市圈是一种以轨道交通为中心的交通发展模式，在其发展过程中，日本政府十分重视综合交通体系的建设。在东京大都市经济圈的五次大规划中，每一次都市规划都遵循"优先公共交通"的原则。2005年，布局在首都圈内参与公共交通的城市快速轨道交通线路里程就已经达到2305千米，其中地铁292千米、JR（Japan Railways，日本铁路公司）线（不包括新干线）887千米、私营铁路（包括单轨铁路）1126千米。东京大都市经济圈的公共交通每天可运送乘客4315万人次，其中地铁、JR线、私营铁路运送人数为3658万人次，达到84.8%。东京通勤圈的范围就被当作东京大都市经济圈的范畴。日本的新干线都是从东京发车，北上盛冈、南到福冈、西去长野的新干线体系就是以东京为中心建立的。对于交通体系，东京大都市经济圈主要借助管理上的整合。通过建设综合交通网络，引导和促进区域整体有序开发，形成整体开发优势，以此来优化区域空间结构与交通体系。通过在区域共同建立公路网、铁路网以及公园体系，为整个都市经济圈发展提供框架。东京大都市经济圈的城市轨道交通建设，在资金上还得到了政府的支持。如日本地铁建设采用补助金制度，对于市郊铁路，由国家和地方政府负担36%的补贴，而对单轨等新交通方式，国家的补贴达2/3。东京的经验告诉我们,要发挥卫星城市的作用,很重要的一条是要建设高速轨道交通,将中心城市与卫星城市连接起来。

(八) 积极发展卫星城市

自20世纪50年代中期到70年代中期的经济高速增长期,日本人口高速向大都市圈移动,大都市圈的人口增长率要远远高于全国平均水平。但是,东京这一大都市圈的人口增加,不是增加在中心区,而是增加在距中心区20~30千米的卫星城区。这是日本以发展卫星城市来控制大都市市中心人口高度恶性膨胀的一个成功经验。东京在建设卫星城市时主要采用两种方式:一是基于整个卫星城市群布局的合理性,对个别企业或个人无力开发的低洼地进行开发,建立起新的卫星城市。二是对原有的小城市按特定卫星城市的发展需要进行改建,使旧城市焕发新的活力。

第二节 韩国首尔的大都市治理

韩国位于亚洲大陆东北朝鲜半岛的南半部。与我国和其他许多国家相比,韩国国土面积较小,只有9.96万平方千米,总人口只有4800万人。就是这样一个土地狭小,人口也不是很多的国度,却有着人口上千万的城市——首都首尔。首尔,旧译"汉城",是韩国的政治、经济、文化中心和海陆空交通枢纽,位于朝鲜半岛中部,地处盆地,汉江穿城而过;距半岛西海岸30千米,距东海岸185千米,北距平壤260千米。首尔在20世纪60年代人口还只有244.5万人,到20世纪90年代人口猛增到1060万人,人口的年均增长率达到11%。首尔市的地域也不断扩大,1973年面积达到627平方千米,比1949年增加23倍。汉江两岸的市区各有人口约500万,而北岸的发展用了600年,南岸仅用了30年的时间。

首尔都市圈,是世界六大都市圈之一,形成于20世纪70年代,由首尔特别市、仁川广域市和京畿道以及水原、城南、东川豆等城市构成。土地面积11726平方千米,占韩国国土面积的11.8%,总人口2300多万人,约占韩国总人口的一半。20世纪60年代到90年代,首尔人口由244.5万人增加到1060万人。以首尔市为中心的京畿道地区,人口增长最为显著,而且近年来仍呈现持续增长的趋势。根据韩国统计局的数据,首尔及周边仁川市和京畿道的人口2029年将增加到2618万人。京畿道人口将从2013年的1214万人增至2032年的1347万人。[①]

韩国首尔都市圈从20世纪60年代开始工业化和城市化。随着韩国各地人口与产业向首尔都市圈的快速集中,首尔都市圈出现了人口过度聚集、生活水平降低、水和大气环境恶化及交通拥堵等经济社会问题。因此,韩国政府从20世纪60年代开始制定与实施《大都市人口集中防止策略》,1982年制定《首尔都市圈整治规划法》,之后又于1994年全面修订此法,2006年开始制定和实施《第3次首尔都市圈整治规划》。尽管如

---

① 参见周江评《交通拥挤收费——最新国际研究进展和案例》,载《国外规划研究》2010年第11期,第47~54页。

此，2010年年末全国49.5%的人口与生产活动还是集中在占全国土地面积11.8%的首尔都市圈，首尔都市圈在经济活动、就业机会及各种环境方面仍然具有比较优势，过度集聚现象仍在持续。

一、首尔的大都市治理观察

（一）首尔交通治理观察

首尔都市圈人口规模的持续增长推动了人口空间分布的郊区化，也随之产生了旺盛的交通出行需求。从首尔市中心到郊区的每日出行人数在1970年约为570万人次，2002年达到2960万人次，首尔交通面临巨大压力。经济的快速发展带动了小汽车保有量从1970年的6万辆猛增到2003年的278.2万辆，首尔市道路交通拥堵情况十分严重，因交通拥堵而带来的额外经济损失超过55.4亿美元。[①] 为解决拥堵问题，首尔市采取过多种尝试，但是效果并不理想，多次改革都未取得实质改善。

2004年7月1日，首尔市实施了全面系统的公共交通体系改革，交通运行状况显著改善。首尔市公共汽车的平均运行速度为每小时19.6千米，小汽车在市中心的通行时速为16千米，在首尔市周边的通行时速为24.5千米。[②] 通过改革，首尔市公共交通出行方式所占比重显著提升，各种交通方式承担的客运比例分别为：地铁35.2%、公共汽车27.8%、小汽车25.9%、出租车6.2%。与此同时，空气污染的状况也得到了改善。

随着公交改革的不断推进，首尔市轨道交通网络也逐渐完善。截至2013年，首尔地铁运营里程为317千米，并计划投资8.5亿韩元在首尔周边建设9条总长84.5千米的轻轨，为首尔中心城区人口和城市功能疏散提供基础。

1. 组建公共交通管理机构

组建全新的公共交通管理机构是首尔公交改革的重要步骤，其通过设立管理监督机构确保公交改革各项政策的顺利实施。自1953年首尔开通第一条公交线路以来，大量公交服务均由私人运营商承担，线路设计、运营组织、服务标准等方面缺乏统一的规范与管理，使得公交行业长期存在恶性竞争、交通资源配置效率和服务水平较低等问题。

此次改革之初，首尔市政府组建了"公共交通系统改革委员会"（Bus System Reform Citizen Committee，BSRCC），收回公交线路设计、运营组织安排、服务内容及标准制定等方面的决策权；同时，保留私营公交公司，采取"半官方运营方式"，实现了公交规划领域的重大转变。公共交通系统改革委员会由政府、议会、公交协会、专家、市民等利益相关者组成，极大地提高了公交决策过程中的公众参与度。目前，首尔都市交通局（Metropolitan Transportation Authority，MTA）和都市区交通局委员会（MTA Com-

---

① 参见孙斌栋、潘鑫《城市空间结构对交通出行影响研究的进展——单中心与多中心的论争》，载《城市问题》2008年第1期，第19～22页。

② 参见金凡、刘岱宗、房育为《首尔公交改革对中国城市交通的启示》，载《城市交通》2006年第11期，第34～37页。

mittee）等机构负责首尔市交通领域的相关规划、预算、线路设计等问题。

2. **全面调整公交路网并设置公交专用车道**

2004年公交改革之前，首尔市区内公交车分为中心线、坐席型和小区循环型三种类型，改革之后重新调整了公交车编号和运行线路设计方案。首先，将首尔市区划分为8个区域并分别标号，同时，将公交车按照红黄蓝绿四个颜色进行划分，通过公交车编码即可清楚辨别其行驶区域。这样，首尔公交车可以划分为四种类型：连接市中心与近郊区卫星城的市郊快线、连接各区域之间的干线公交、在区域内提供区间服务的支线以及在中心商务区运行的循环公交。

同时，设置公交专用车道，为公交优先提供道路条件。首尔市政府规定在单向3车道以上、公交车流量达到每小时150辆以上的路段，设置中央式公交专用车道，并配有岛式中央公交车站、路口公交优先信号系统等条件。原有沿右侧设立的公交专用车道在高峰时段供支线公交车使用，而中央式公交专用道则24小时服务于中心城区与郊区的市郊快线及长途快线，从而提高公交车运行速度和公共交通的可靠性。

3. **调整公交收费系统**

为鼓励市民公交出行，首尔市调整了公交票价的收费方式，整合公共交通和地铁服务，采取统一收费的方式，实现了公交线路之间以及公交与地铁之间的免费换乘。在首尔市区内，乘坐公交车在10千米范围内，基本票价为800韩元（2007年调整为900韩元），超出部分按每5千米增收100韩元计价，基本票价包含4次免费换乘，适用于公交车和地铁。根据规定，首尔市政府可以每2年对公共交通基准票价进行调整，同时提供灵活的付款方式与优惠方案，降低乘客的出行成本，吸引大量乘客选择公交出行。

4. **推动公交管理信息化**

为提升公共交通管理水平和交通运行效率，首尔市采用多项先进技术，推行信息化公交管理模式。智能交通卡系统（T-Money）的引入不仅为乘客提供了便利，也为首尔公交收费系统的升级奠定了基础。2003年10月，首尔市政府与LG公司共同出资成立了韩国智能卡有限公司（KSCC），负责首尔市智能交通卡系统的建设和运营维护，利用智能卡系统数据进行信息统计分析，为交通政策的制定提供依据。通过电子收费和结算系统的技术升级，提高了运营收入的透明度。公交运营管理系统（Bus Management System，BMS）、公交信息导航系统（BIS）以及交通综合管理与信息服务系统（Transport Operation & Information Service，TOPIS），通过GPS（全球定位系统）、ITS（信息技术服务）等先进科技手段对公交车辆的运行情况进行监控，向乘客提供实时信息，方便乘客出行。各项技术的使用提升了公交运行和居民出行相关数据的可得性与可靠性，能够为城市交通的政策制定和科学管理提供决策依据。

5. **实施交通可持续发展战略**

首尔市在推行交通可持续发展战略的过程中，强调以人为本，建立安全、可靠、舒适、便利的城市交通系统。为引导人们绿色出行，首尔市政府积极提供便利的基础设施，创造安全便利的步行交通和自行车交通环境。通过拆除高架桥、缩小道路宽度、增加人行道面积等手段，逐渐摆脱过去以私人小汽车为核心的城市交通发展观念，力求建立以人为本、持续发展的和谐城市。

技术改进是环境可持续发展的关键,首尔市引入大量低地板式公共汽车、铰接式公共汽车和压缩天然气公共汽车,并在大多数公交车上安装了柴油机微粒过滤器(DPF),并将使用混合动力车型作为出租车的首选车型,以减少污染物的排放。同时,为鼓励公交公司使用以清洁能源为主的公交车辆,首尔市政府提供了大量财政补贴,并对使用新能源汽车的个人给予一定的停车优惠。

城市轨道交通作为一种大运量、节能环保的交通方式,在支持绿色交通方面具有天然优势,从20世纪90年代开始,首尔轨道交通网络规模不断扩大。1990年地铁运营里程为137.9千米,到2013年增加到317千米,同时新建了10条轻轨;并计划2014至2023年再新建9条城市轻轨,逐渐完善的轻轨系统将为首尔市中心城区人口疏散提供高效的交通服务,从而成为缓解交通拥堵的最优选择。①

(二) 首尔城市内河治理观察

清溪川是首尔市中心的一条河流,全长10.84千米,总流域面积59.83平方千米。20世纪50至60年代,由于城市经济快速增长及城市规模急剧扩张,清溪川曾被覆盖成为暗渠并被建成城市主干道,水质也因工业和生活废水的排放而变得十分恶劣,交通拥堵、噪声污染等"城市病"现象十分突出。2003年7月1日,首尔政府启动清溪川修复工程,历时2年正式竣工。清溪川的改造与恢复不仅成功打造了一条现代化的都市内河,改善了首尔居民的生产、生活环境,塑造了首尔人水和谐的国际绿色城市形象,也为其他国家城市内河水环境治理提供了学习与借鉴的案例。

1. 清溪川修复工程全程注重多元主体参与,改造与建设充分尊重和体现专家与公众意志

清溪川改造是政府、专家和市民共同努力的结果。在改造工程开始之初,首尔市政府就专门成立了清溪川复原项目中心,建立了由专家和普通市民组成的专门委员会,负责收集市民意见,召开公众听证会,并提供咨询服务。在清溪川改造工程中,无论是拆除高架路与覆盖清溪川的水泥道路,还是恢复沿河的历史文物古迹等诸多举措,都是专家、公众和政府部门集体智慧的结晶。特别值得一提的是,清溪川修复工程还充分考虑到了原有区域商家的利益,在开工前,政府就积极倾听商家意见,召开工程说明会、对策协议会及面谈会等会议4000多次,充分收集意见。之后,以这些意见为基础,采用先进施工方法,减少噪声与粉尘,降低停车场和货物装卸场的收费,对经营困难的小工商业者给予低息贷款,并对希望迁走的商人开发专门的商业街给予安置,形成了有助于商圈发展的对策。在尊重和参与的基础上改造和建设,使得清溪川修复工程整体进展顺利,并未因各方利益矛盾冲突而影响建设与发展。

2. 清溪川修复工程以古桥重建为纽带,在现代化的改造中传承与发展了城市文脉

清溪川横穿首尔中心城区,历史上就是连接首尔城市南北两岸的重要河道,是记录朝鲜时代百姓生活的代表性都市文化遗迹。其中,清溪川上的桥梁更是体现首尔城市文

---

① 参见段里仁、毛力增《首尔交通改善经验与生态交通发展模式》,载《综合运输》2013年第11期,第68~73页。

化与历史的重要载体。在首尔 600 多年的历史发展中,在清溪川的干流上曾建有广通桥、长通桥、水标桥等 9 座桥梁。历史上,每年的一定时期,人们都会以清溪川上的桥为中心,举行踏跷、花灯展示等活动。因此,桥梁的建设被列为清溪川修复工程的重要内容。通过努力,在清溪川上复原了广通古桥和水标桥,并新建了 16 座行车桥,4 座步行专用桥,并以长通桥、永渡桥等古桥的名字重新命名了新建的桥。同时,重现了水标桥踏跷、花灯展示等传统文化活动,还在拆除旧高架桥时,在下游河段有意保留了 3 个"残留"的高架桥墩,以保持首尔城市记忆的连贯性。这不仅有助于人们追忆被遗忘的首尔城市原貌,体会历史与现实的时空感,增强市民和游客对首尔城市精神的文化认同,也令清溪川承载和融合了 600 年首尔都市历史、水文化与现代文明,使现代内河改造工程在建设、传承与发展中延续了城市的文脉。

3. 清溪川修复工程以短期集中投入撬动长期城市发展,为城市持久繁荣提供了不竭动力

清溪川河道生态环境恢复工程全长 5.84 千米,还恢复和整修了 22 座桥梁,修建了 10 个喷泉、1 座广场、1 座文化会馆,总投入约 3800 亿韩元(约 3.4 亿美元)。在整个工程中,首尔政府考虑筹措资金来源不足的情况,政府主要通过削减年度预算的方式来进行投入。尽管初期资金投入很大,但短期集中投入对城市经济长期拉动效应已经显现。例如,原有清溪川地区共有 6 万多个店铺和路边摊,主要从事低端批发零售的商业和服务业。自清溪川复原工程完工后,该地区更多地承载了韩国艺术、商业、休闲与娱乐的功能。国际金融、文化创意、服装设计、旅游休闲等高附加值产业纷纷进驻,极大地加快了产业转型升级的步伐,不仅大幅提升了该地区发展的动力与活力,也为实现首尔江南江北两岸发展均衡打下了良好的基础。同时,重新流淌的清溪川使首尔市的大气环境和空气质量得到了很大改善。夏天清溪川周边的气温比全市平均气温低 2～3 ℃,为广大首尔市民提供了良好的居住与生活环境,也提升了首尔作为国际大都市的城市竞争力、影响力和吸引力,为首尔集聚全球高端人才、创新资源、创富资本提供了强有力的支持。

(三) 韩国首都圈垃圾处理考察

在韩国,垃圾的管理制度由各个地方根据自由的需求自行制定,总归来说大部分是分为食物垃圾、可回收物和一般垃圾。而且在韩国的街头基本上看不到垃圾桶,极个别垃圾桶也是回收瓶、罐、塑料和纸等,食物必须留在餐厅或者带回家,在路边是不能处理的。韩国最大的垃圾填埋场就在韩国的首都圈,它承担着首都圈 58 个地区 2400 万人口的生活垃圾与工业废料处理,被誉为世界上规模最大的垃圾集中填埋成功的典范。其成功的原因就是:经过 20 多年的时间,探索出了一条以绿色理念为指导完成填埋工程,以垃圾能源化和填埋场环境生态人文化为特色,低碳绿色处理与利用垃圾的成功方法。

1. 垃圾填埋场成功完成了首都圈 20 多年垃圾的处理

韩国首都圈垃圾填埋场从 1989 年开始填埋,1992 年正式运营。目前,垃圾填埋场占地面积为 1979 万平方米,约有 2800 个足球场大小,占整个韩国垃圾填埋面积的 68%,垃圾处理能力为 22800 万吨,日处理量 1.8 万吨。截至 2013 年,第一填埋场已经成功完成了 20 多年韩国首都圈的生活垃圾与工业废料处理任务。按照规划，第二填埋场、第三填埋场和第四填埋场可继续承担韩国首都圈未来 30 年的垃圾填埋。

2. 以绿色理念为指导完成填埋工程

韩国首都圈垃圾填埋场并不是简单填埋垃圾废弃物，而是以绿色理念为指导、严格按照科学的程序与先进的技术，对垃圾进行卫生填埋和安全填埋。

（1）垃圾分类收集。韩国实行严格的垃圾分类管理，将不同类型的垃圾分类收集，针对各种类型垃圾的特点采用不同的处理方式。对再利用品和厨余垃圾直接采用再利用的方式进行处理。对一般的垃圾并不采用直接焚烧或填埋的方式，而是首先通过机械生物处理技术（MBT）转换为高热值的固体燃料（RDF），这些垃圾衍生燃料广泛应用于干燥工程、水泥制造、供热和发电工程等领域。

（2）垃圾运输检查。首都圈垃圾填埋场从收运、处理、检查都有严格的管理系统，并对废弃物收运车辆进行检查，以防违规废弃物的收运。车辆必须交计量卡押金登记，运到首都圈填埋场的垃圾进入计量台后，无线电波对其自动识别，工厂垃圾将在一个设有自动识别系统的检查台上另行接受检查。所有车辆均密闭营运，而且出口时都要经过特殊的冲洗、消毒、吹干的程序。

（3）垃圾消毒填埋。填埋场工作人员在居民监督人员和工程职员的监督下进行装卸，部分车辆还被抽样进行精密检查。为了最大程度减少垃圾对周边环境带来的影响，首都圈垃圾填埋场的垃圾废弃物需要先经过消毒再采取分区填埋，在处理过程中进行搬运、铺开、轧平、覆土等作业。

（4）垃圾及时除臭。为防止垃圾填埋过程中有污染物质外泄，还要进行除臭杀菌等防疫措施。填埋结束后，在 5 个小时内除了迅速进行覆土、夯实作业，同时对填埋区域内外进行脱臭作业。

（5）焚烧甲烷气体。填埋垃圾被分解后会产生甲烷气体，大部分甲烷气体由捕集甲烷气体的管道运输至发电厂发电。还有小部分未被捕集到的甲烷气体，采取安装简易焚烧器进行焚烧处理，防止发生爆炸的同时也可以降低温室效应。

（6）渗滤液处理。垃圾在填埋过程中由于压实、发酵等生物化学降解作用，同时在降水和地下水的渗流作用下产生了一种高浓度的有毒有害的有机或无机成分的液体，即垃圾渗滤液。为了防止产生二次污染，首都圈垃圾填埋场底部铺设了 0.75 米厚的固化处理层用来防渗，聚集到其上面的渗滤液泵送至污水处理厂进行处理。

3. 垃圾能源化

垃圾能源化是韩国首都圈填埋场的突出特色，也是其低碳绿色发展的集中表现，首都垃圾填埋场已成为韩国七大能源基地之一。垃圾能源化主要包括：废资源能源化、自然资源能源化和生物资源能源化。

（1）废资源能源化。废资源能源化主要包括沼气发电、甲烷发电和固体垃圾燃料化及气体化。在沼气与甲烷发电方面，韩国首都圈垃圾填埋场通过在填埋地铺设完善的沼气捕集设施和水平收集甲烷灌渠管道、垂直收集甲烷灌渠管道、填埋甲烷气体中转站、个别管道与移送管道，收集填埋地及中央焚烧器产生的沼气及甲烷气，建设了世界上规模最大的沼气发电站（50 兆瓦）。与此同时，韩国首都圈填埋场通过填埋气体资源化CDM项目（联合国清洁发展机制项目）进行排放权交易，第一次就获得4000万元收益。在固体垃圾燃料化方面，一是韩国首都圈垃圾填埋场通过采取RDF（垃圾衍生燃料）制造技术，使固体垃圾燃料化。二是建设垃圾的燃料化与下水淤泥燃料化。在气体化方面，主要包括厨余废水生物气体化和厨余类生物气体化以及生物气体汽车燃料化。

（2）自然资源能源化和生物资源能源化。①太阳能发电。首都圈垃圾填埋场为了使占地面积1979万平方米的空间发挥作用，在填埋场建立了容量为30兆瓦的太阳能发电站，有效利用了填埋地的闲置空间资源，最大限度地发挥了自然资源能源化效应。②生物资源能源化。他们在填埋地营造了生物循环林和油菜生产基地，通过对生物循环林与油菜的处理，每年实现生物资源能源化388万吨。

4．填埋场的环境生态化与人文化

韩国首都圈垃圾填埋场从一开始就积极推行环境生态化与人文化建设。目前，已经关闭的第一垃圾填埋场，摇身一变，成了居民体育公园、展望公园和娱乐园区，成为人们的休闲娱乐场所，包括地上体育公园、飞行体育公园、高尔夫球场和一座体育馆，馆内的设施有游泳和赛马跑道，这里还是2014年亚运会的赛场之一。按照韩国首都圈填埋场的发展规划，到2025年，第二填埋场关闭垃圾处理时，填埋场将会建成包括花卉园、树木园、植物园、环境博览园、湿地观光园、生态环境体验园、环境艺术公园、野草园区草地和森林生态区等。昔日的垃圾填埋场将成为韩国环境生态人文化的乐园，实现人与自然的完美和谐。①

二、首尔大都市治理的特征

首尔城市化发展最快的阶段是在20世纪70年代的时候，那时候人口与经济总量都在迅速上涨，这不仅给大气、水带来了污染，也造成了交通和垃圾等一系列的严重环境污染问题。从20世纪90年代开始，首尔市开始从政策、规划与制度入手，着力解决城市环境污染问题，努力使首尔成为世界气候环境的"首善之都"。

（一）注重能源结构的全面优化

在首尔的能源消费结构中，核电占据了相当大的份额。2011年3月，日本福岛的核泄漏事故，引发了韩国对核电安全性的全面质疑，政府计划通过大力发展太阳能等新能源和可再生能源来逐步减少核电的比重。2012年1月，首尔市市长朴元淳宣布，要把首尔"从耗能、耗资的城市"转换为"生产型城市"，要节省相当于1座核电站的能源，到2020年使电力自足率由目前的3%提高到20%以上。于是，首尔市政府围绕"减少核电，采用新能源"实施了一系列的政策举措。例如，计划在2014年前，在公共楼宇、学校、住宅等1万多个建筑物屋顶建造320兆瓦的太阳能发电站，建成300个利用太阳能等新能源的市民发电站和25个能源自立小区。利用分散电力与供热系统，建设氢燃料电池发电设施、水处理设施、公园、地铁车辆基地等13个230兆瓦的设施。

---

① 参见李晓西、张琦、赵峥等《韩国开展城市环境治理的经验与启示——韩国考察调研报告》，载《全球化》2013年第9期，第109～117、128页。

研究开发出了即使落差在 2 米也可以发电的小水力水车，以充分利用未被利用的水资源。

同时，为了大幅度提高能源的使用效率，首尔市政府对能源消耗大的楼宇、大中型建筑、独栋住宅、公租房、学校等 12200 多个地方，进行历时 3 年的建筑能源效率改善项目（BRP）。如在地铁 1 至 8 号线的全部 243 个车站更换了 65 万个环保高效的 LED（发光二极管）灯泡。

（二）注重空气质量的综合治理

首尔市通过发展公共交通、推广环保汽车、控制微尘等一系列措施，来全面改善空气的质量。首尔市的公共交通体系十分发达而便捷，地铁线路延伸到了市区的每一个角落。公共交通的普及，减少了交通拥堵现象，车辆通行速度提高了 30%。另外，大力普及环保汽车。如市民购买比一般汽车排放量少约 35% 的混合动力汽车或低公害汽车，可免高峰时段通行费，提供公共停车场折扣等多种优惠。为减少氮氧化合物等大气污染物质的排放，首尔市把 99.7% 的市区公交车和 91.2% 的小区公交车更换为更节能低碳的天然气公交车。在大型柴油车上安装 PM-NO_x 同步减排装置，为超过一定行车里程的出租车安装三元触媒装置，扩大了 CNG（压缩天然气）汽车的使用，等等。此外，对 13700 多名市内公共汽车驾驶员的不环保、不经济的驾驶方法进行驾驶习惯的纠正教育。积极推进柴油车和建筑机械氮氧化合物减排的示范项目，加强对建筑取暖领域锅炉的管理，将家庭用小型锅炉更换成低氮氧化合物排放的产品。还通过对建筑工地尘土的控制、道路洒水清扫、普及四季皆可使用的道路粉尘吸入清扫车等一系列措施，有效减少大气中的微尘浓度。

同时，加强对空气质量的管控与预警，对臭氧和微细颗粒物等与市民健康直接相关的大气污染物质的浓度进行分阶段检测。完善室内空气质量管理系统，对健康敏感人群的使用设施进行现场勘查和咨询，并进行有效的室内空气质量管理。一系列政策举措的全面实施，有效地改善了首尔市的空气质量，首尔市年平均微细颗粒物浓度从 2002 年的 76 $\mu g/m^3$ 减少到 2012 年的 41 $\mu g/m^3$。

（三）注重废弃资源的循环利用

首尔市致力于发展成为世界领先的循环利用城市，通过出台一系列行之有效的政策措施，改善循环利用产品分离收集体系，实现废弃资源的循环利用。一是实行垃圾排放"从量制"。排放者根据所排放的垃圾数量负担垃圾处理费用的制度，原则是"排者自负，多排多负"。该制度的实行对减少垃圾排放起到了明显的作用。首尔市的垃圾排放从 1995 年的每天 15000 多吨，减少到 2012 年的 9440 多吨。二是出台了一系列促进垃圾回收与减排的制度。比如，首尔市开展了"回收利用站"工程。在公共停车场或空地、公园等处设立可回收垃圾站，由此吸引附近居民亲自将废纸、废塑料瓶、废铁等带到指定场所分离扔掉。回收管理者由在当地以收废纸为生的老人担任，当地产生的可回收用品由专门的回收利用社会性企业购入，并将收废品的金额支付给老人，并实施保障各可回收利用品种保持在一定价格水平上的"可回收用品回收补偿金制"。又比如，首尔市实施了大型废弃家电免费上门收取体系。该制度实行之后，收取的冰箱保持原样的比例从原来的 20% 提高到 90%，从而大幅度减少了由于机体损伤导致冷媒泄漏等所带来的环境污染问题。此外，在公共机关、大型流通中心、学校等废品大量排放的场所倡导"废弃物 Zero 化工程"。为鼓励大型流通中心自发开展运动，还计划发放"废弃物 Zero 店铺"认证标志，对成果好的流通中心实施免除指导检查等各种鼓励措施。三是最大限度地实现垃圾再利用和能源化。首尔市政府对垃圾的管理观念已由过去的清扫清洁变为最大限度地实现垃圾的资源化，而相关部门的职能也由单纯的收集掩埋垃圾转变为循环利用垃圾。在实行严格的垃圾分类制度的基础上，首尔市从 1996 年开始建设垃圾焚烧设施，迄今已建成 4 处。这些设施的作用不仅是焚烧垃圾，更重要的是在焚烧过程中获取热能用来发电或供暖。2011 年首尔市废弃资源循环利用率为 43.5%，2013 年预计可以达到 46%，计划到 2030 年达到世界循环利用率最高城市德国法兰克福的 66% 的水平。

（四）注重全社会的共同参与

发动全体市民广泛参与到低碳节能环保行动当中来，是首尔市建设世界气候环境"首善之都"的最大动力和支撑。围绕"减少核电，采用新能源"的目标，近年来，首尔社会各界组织了一系列的节能低碳活动，营造出全民参与节能的浓厚氛围。比如，为传播节能文化，首尔市在每月的 22 日晚上都会进行一个小时的熄灯运动，并称之为"幸福熄灯"。组织成立了由 2 万多名学生组成的首尔能源守护天使团，在学校、家庭等多个领域开展实践活动，让学生们能够从小养成环保习惯。积极倡导市民不开私家车，每年举行"嗨！首尔"的自行车大巡游，努力营造"没有私家车的日子"。通过活跃"光化门希望分享市场"传播再利用的文化理念，每月、每季在市中心光化门广场分不同主题开放特色市场，市民可以将自己不再使用的、但仍然具有再利用价值的物品拿到市场上低价出售给需要的人，收入的一部分用于慈善。最重要的是，通过此活动宣传了节约资源、保护环境的理念。首尔市还计划增加直接观察、倾听、接触型的体验式环境教育课程，为子孙后代编撰定制型环境教育教材《小环和小境》，从幼儿园到小学进行普及，使孩子们从小养成绿色生活的习惯。同时，首尔市将垃圾焚烧场作为新能源地标，在世界杯公园建造"首尔能源梦想中心"，为了让人们体会到能源的珍贵，还运营了"环境旅程"的活动项目。当然，首尔市最具有代表性的市民参与项目是环保积分项目，市民根据家庭和楼宇的电力、上下水、城市煤气、地区取暖的节约使用量获取积分，并且通过交通充值卡等方式得到积分奖励。这一项目获得了 2013 年度联合国公共行政奖。

（五）注重自然生态与城市的融合

首尔市在城市治理中十分重视对自然生态的营造和恢复，努力建设人水相亲、人与自然和谐的生态城市。比如，为了增加城市绿地的覆盖率，自 2002 年开始，首尔市实施屋顶绿化补贴政策，10 年来已有近 600 个屋顶由此变绿，总面积近 25 万平方米。又比如，首尔市把曾经最大的且污染严重的垃圾填埋场——兰芝岛，通过持续数年的生态修复工程,改造成风景宜人的生态公园,成为首尔市民休闲的好地方。自 2007 年起,首尔市开始实施"汉江复兴计划",这也是迄今为止人类最大的河道恢复工程之一。首尔市政府计划在 2007—2030 年期间投资 5431 亿韩元(约 4.86 亿美元)治理汉江首尔段,重点目标是增加生物多样性,自然河岸的比例从 14% 提高到 87%,以满足生物栖息和人类亲水需求,实现生态、文化、环境、历史体验等方面的有机结合。

而最值得称道的是清溪川修复工程。清溪川是贯穿首尔南北、有 600 多年历史的河流,全长 10.84 千米。在工业化初期,因周边污水排放而成为臭水沟,政府不得不历时 10 年、花费巨资将河面用钢筋水泥覆盖,使之成为城市道路。随着城市发展对青山绿水需求的增长,2002—2005 年首尔启动了清溪川改造工程,掀开了覆盖河面的钢筋水泥,改造河流水体,建设人文景观。现在,清溪川已成为首尔市中心景色怡人的风光带,为人们提供了一处感受文化和亲近自然的理想天地。①

第三节　新加坡城的大都市治理

新加坡位于马来半岛南端、马六甲海峡出入口,北隔柔佛海峡与马来西亚相邻,南隔新加坡海峡与印度尼西亚相望。它由新加坡岛及附近 63 个小岛组成,面积 719 平方千米,其中新加坡岛占全国面积的 88.5%。截至 2010 年 6 月,新加坡人口达到 508 万,其中新加坡公民有 323 万,永久居民(持绿卡)54 万,其余约 131 万人是持工作准许证、逗留的外国人。从 1970 年到 2011 年,新加坡的常住人口从 201 万增加到 379 万。当前,新加坡全国农业用地和农业人口几乎没有,人口多居住在占据大部分国土面积的城市区域中,因此被称为一个没有郊区的"城市国家"。从新加坡的城市化程度与国际影响来说,尽管它的人口规模相对于中国的北京、上海要小得多,但仍然是在世界上占有特殊地位的国际大都市,已经成为东南亚地区重要的金融中心、航运中心、国际贸易中心、世界电子产品重要制造中心和第三大炼油中心。

像新加坡这样的大城市,政府治理的运作过程其实也可以看作政府治理机制运作的一个过程。作为一个城市国家,新加坡大都市的政府治理机制可谓是经历了一个长期的变迁过程。早期,并没有脱离马来西亚的新加坡还属于英国的殖民地,因为"二战"的原因,新加坡被日本占领。战争过后,又被英国殖民统治;到了 1959 年脱离英国,步入自治;而后,1963 年又并入马来西亚,可谓是一波三折。但是事实上,在 1970 年的时候,新加坡第三次人口普查得出的人口数量已达到 200 万。但是,这时的新加坡并不具备大都市典型的人口特征,是因为之前的城市治理机制构成了新加坡大都市政府治理机制运行和人口的变迁。②

在英国殖民统治时期,新加坡城市治理机制的运行是一体化与城郊分治的。英国殖

---

① 参见马斌《首尔市环境治理实践——打造世界气候环境"首善之都"视角》,载《环球市场信息导报》2014 年第 7 期,第 66～68 页。
② 参见易承志《新加坡大都市政府治理机制运行实践与启示》,载《天府新论》2014 年第 2 期,第 107～113 页。

民统治时期，新加坡殖民地政府需要向英王和英国殖民部负责；但在城市治理方面殖民地政府自成体系，自行负责，由殖民地政府的各部门承担城市的管理与服务职能。在行政系统中设有新加坡市政局（府）和新加坡乡村局。其中，市政局（府）是殖民政府根据法律把一部分市政交予市民自行管理的机构，市政府内部组织庞大而复杂，主要管理供水、供电、供气、市政建设、消防、卫生等市政事项。新加坡乡村局管辖的是市区以外的乡郊地带，乡村地方的行政及建设一直由殖民地政府里的各有关部门直接办理。① 因此，乡村局的机构设置比较简单。1959 年自治后，新加坡成为英国的一个自治邦，享有完全的内部自治权，在城市治理方面仍然延续了一体化和城郊分治的格局。自治邦只设一级政府，自治邦内阁下设国家发展部等部门，在国家发展部下面设立主管地方政府、城市及乡村事务的具体部门。1963 年并入马来西亚后，新加坡成为马来西亚的一个州，根据地方政府的职能范围管理着自身的城乡事务。1965 年，新加坡脱离马来西亚建立了共和国，独立建国后的新加坡在城市化的迅速推进中很快发展成为一个大都市国家，大都市政府治理机制的运行呈现出一体化与城郊融合的态势。作为一个面积很小的城市国家，新加坡只设立一级政府管理全部行政事务。政府由国防部，教育部，财政部，外交部，卫生部，内政部，律政部，人力部，国家发展部，总理公署，环境与水源部，贸易与工业部，交通部，新闻、通信及艺术部，社会发展、青年及体育部等十几个部门组成，履行政府职能。此外，截至 2012 年，新加坡政府还建立了 64 个法定机构，由政府各部委负责管辖，但同时作为独立于政府序列之外的半官方机构代行公共管理和服务职能。随着新加坡建国后城市化的迅速推进，大部分国土面积都迅速被纳入大都市范围，城郊分治也就不再现实。因而，大都市政府治理机制的运行也不再是城郊分治的形式。作为对缺乏中央与地方层级划分的一种补充，1997 年 3 月，新加坡政府在人民协会下成立了中区、东北、西北、东南、西南 5 个社区发展理事会。每一个社区发展理事会对应大约 80 万户居民。社区发展理事会由市长领导的 12～60 名董事组成的董事会负责管理，② 履行一定的地方社区管理和服务职能。

一、新加坡城的大都市治理观察

众所周知，新加坡是一个城市国家，它的国家治理也就是城市治理。近年来，新加坡立足于实现可持续的城市发展，采取全面与综合的方法，制定战略性规划和相关创新性政策，不断提高城市治理水平。

（一）从花园城市迈向花园里的城市

1963 年，新加坡总理李光耀提出绿化新加坡的构想，还特地引种了原产于热带美洲的雨树。经过 50 年的不懈努力，新加坡建成了闻名于世的花园城市。道路与道路设施的绿化、园林的规划和建设、树木绿地的保护等都见到了明显成效，全国绿化覆盖率

---

① 参见陈尤文、马志刚、萧宜美《新加坡公共行政》，时事出版社 1995 年版，第 43～44 页。
② 参见王剑云、韩笋生《杭州与新加坡的城市社区组织模式比较》，载《城市规划汇刊》2003 年第 3 期，第 24～29 页。

接近50%。整个城市绿树成荫,就连楼顶、阳台、过街天桥也都花团锦簇,美得让人沉醉。在此基础上,新加坡提出要迈向绿意盎然的花园里的城市。具体措施有六点:一是建造世界级花园;二是营造更具活力的公园与街道景观;三是善用城市空间;四是丰富城市中的动植物种类;五是提高景观及园艺业水平;六是联系社区,建立绿色新加坡。①

(二) 居者有其屋的和谐社区建设

1960年,新加坡成立了建屋发展局,实施"居者有其屋"的公共住屋计划,目前已为超过80%的新加坡人提供了住房,其中94%已出售给居住者,其余6%提供给低收入者租赁居住。为了让各个市镇、社区朝气蓬勃、包容和谐,建屋发展局除了在每个居住区完善日常生活所需的基本设施建设外,还非常注重构建和谐包容的社会关系。如提供公共设施和公共空间让居民在家门口或家附近与邻里接触交流,协助已婚子女靠近父母居住,鼓励多代同堂,发扬亚洲家庭价值观,实施政府的种族融合政策以实现社会融洽、种族和谐。

(三) 城市交通拥堵治理

新加坡是以公共交通为纽带的城市格局,强化了人们选择公共交通作为出行工具的取向,而这种取向又使人们将公共交通站点,特别是轨道交通站点周边作为自己居住、工作和购物的首选地点;因而进一步带动了站点周围住宅及商业配套设施的开发,推动了土地增值,整个城市也逐渐形成了以公共交通为导向的发展格局。

1. 公交地位突出

新加坡将城市公共交通作为一种能与轿车竞争的、高品质的交通方式来定位,积极提高城市公共交通出行比例和服务水平。在规划层面上将公共交通与城市总体规划紧密结合起来,"放射状"大容量公共交通系统支撑的"星系"城镇体系规划,确立了公共交通在引导城市发展中的重要地位。此外,新加坡在道路系统总里程增长缓慢的情况下,非常注重调整路网结构的等级配置功能,城市快速路,干线和快速公共交通线路及地铁票价根据乘距来进行计费。各种公共交通方式之间在一定时间内换乘实行优惠,即只要在下车后45分钟内换乘就可以得到一定的优惠折扣。但规定最多换乘次数为3次,并且,最后一次换乘的上车时间距离第一次上车时间必须控制在2小时内,否则就认为是第二次出行。新加坡通联公司专门负责管理一体化票价系统,乘客使用一张交通卡,就可以在不同的公共交通工具上使用,并能享受不同方式之间换乘的优惠折扣。

2. 服务质量监管有效

新加坡公共交通委员会通过定期审核的方式,确保两家公共交通公司遵守委员会服务条款的规定,按要路、主干路、次干路和支路的比例为1∶4∶3∶13。由于支路系统发达,使得城市道路微循环系统能有效地对交通流量进行疏解,同时为公共汽车网络的布

---

① 参见田川《新加坡的城市治理》,载《中国中小企业》2014年第1期,第68~69页。

设创造了良好的基础条件。

3. 票价管理合理

新加坡政府认为，作为公共交通行业的使用者，乘客可以得到公共交通行业生产力提高所带来的一半利益。因为，在新加坡，公共交通的票价是与目前这个城市的经济发展水平、人们的工资水平以及社会的生产力挂钩的。新加坡公共交通票制有两种：一种是一票制，另一种是根据乘坐距离定价的票制。一票制主要用于短途接驳的支线公共交通，要求提供符合标准的运营服务。发车间隔也要得到乘客的认可，即使在客流较小的地区也是如此，以确保大多数区域的居民都可以享受同样的公共交通服务。服务标准主要内容包括：线路规划、线路直达性、线路可达性、地铁站与公共汽车接驳、线路长度（如长度大于25千米的线路所占比例不超过20%）、发车频率、公共汽车载客量（如高峰期平均公共交通车辆载客量不得超过核定载客量的80%）、空调车比例（最小占80%）、线路信息（通过公交站点、电话和网站服务发布）、发车间隔等。

最后，公共交通委员会还会邀请公众通过网络、民意调查等途径直接反映观点，由此评价各公共交通公司的服务质量，对不符合要求的公司，公共交通委员会有权进行处罚。对于乘客连续2年对某公共交通公司投诉比较集中的问题（如在高峰时段等待时间过长或车辆过度拥挤等），公共交通委员会将给予该公司一定的处罚。在政府管理部门和公共交通委员会的监管下，公共交通运营公司必须加强日常管理，严格执行公共交通运营规范，不断提高服务标准，运营服务人员须经过业务培训和技能考评，确保为乘客提供满意的服务，并能有效应对突发事件。

4. 土地、交通规划科学

1971年，新加坡城市规划推出了新加坡的第一个概念性规划，提出了新加坡城市规划最重要与最基本的原则是：土地利用和交通规划必须始终是一个统一的综合体。陆路交通管理局以提供世界级的城市交通系统为宗旨，制定了对轨道交通站点周围的土地及住宅、工业、商业等进行多功能综合开发的目标，逐渐形成了在轨道交通站点周围高密度、多功能开发的局面。

新加坡中央商务区是各主要银行、大型机构总部的所在地，也是宾馆、高档商业中心的聚集地，是新加坡最为繁华的地区，设在中央商务区外围的24个新城，是新加坡居民的主要居住地。新加坡的交通系统以为人们提供高质量的交通服务为宗旨，大多数的新城由轨道交通线相连接，而且，轨道交通站点多位于新城的中心位置。轨道交通及公交车运输系统将新城与新城、新城与中央商务区及工业园区相互连接起来。新加坡所有的居住区、商业区、工业区都临近公共交通站点，人们在步行不超过400米的范围内都可以找到公共交通站点。

5. 交通需求管理严格

为了在有限的土地面积上有效地解决交通问题，新加坡政府除了大力发展公共交通系统外，还严格限制私人购买和使用小汽车，采用车辆配额系统与电子道路收费系统来控制私人小汽车的拥有和使用。

（1）车辆配额系统。新加坡于1990年5月1日开始引入车辆配额系统（VQS）。车辆配额系统将车辆分为五大类型，政府在综合考虑上一年车辆的总数、每年允许增加的额度和报废车辆数等多种因素的基础上,计算出本年度车辆增长率,即车辆配额,同时也会结合实际情况做出进一步的调整。根据车辆配额系统,除公共汽车与特殊用途的车辆外,购买新车必须持有拥车证,不同类型车辆的拥车证价格由市场动态决定。由于实施了车辆配额系统,新加坡机动车拥有量增加缓慢,1995年机动车有64.2万辆,2006年仅增加到79.9万辆,其中轿车从1995年的35.4万辆增加到2006年的47万辆。每年机动车和轿车增长量均控制在3%之内,从源头上有效控制了机动车拥有量。

(2)电子道路收费系统。实施电子道路收费的前提条件是在车辆上安装计费系统。新加坡70多万机动车辆中,约有96%安装了计费系统。电子道路收费的实施,使用户可避免在不必要的时候进入控制区域;而一旦用户在规定时段进入交通比较拥挤甚至阻塞的控制区域时,电子道路收费系统就会在车辆通过瞬间,根据车辆种类自动从安装在车辆内的现金卡中扣除应付费用,从而达到减少控制区域车辆、缓解阻塞的目的。车辆配额系统增加了用户购车的固定成本,电子道路收费系统则增加了使用车辆的动态成本。新加坡政府通过综合应用这两种系统,对长期和短期、静态与动态交通需求进行调控,有力地保证了以公共交通系统为导向的交通发展战略的实施。

(3)停车换乘系统。新加坡的停车换乘系统主要是基于轨道交通的换乘方式与公共汽车的换乘方式相结合建设的,大多建在地铁和轻轨附近。轿车可以免费停放在换乘系统的停车场内,然后驾车者换乘公共交通去市中心。轻轨的起点和终点与地铁站衔接,乘客通过换乘走廊不用出站即可方便地进行换乘。①

(四)生态环境治理分析

1965年8月9日,新加坡宣布独立。建国后,新加坡政府致力于改变城市的落后面貌,提出使新加坡变成"清洁葱翠城市"、变成东南亚的绿洲、达到世界一流水平的计划。为此,政府采取了一系列的治理措施。

1. 着手治理脏乱差,改造净化城市环境

建国初期,新加坡失业人口众多,饮食小贩沿街叫卖,环境脏乱,出租车乱停,交通阻塞。1971年开始,政府在逐步解决就业问题的基础上,大力整顿市容,严格执法。到了20世纪80年代,所有的小贩都得到了迁移安置。同时,新加坡政府投入巨额资金,对城市垃圾实行分类收集,实现垃圾处理无害化;对污水进行集中改造,实现污水处理科技化、智能化,有力地改善了城市环境。另外,新加坡政府还通过法律和行政手段解决空气与噪声污染,甚至严禁燃放鞭炮、严禁在所有公共场所吸烟和吃口香糖,为整个社会创造了一个清洁、优雅的环境。

2. 从打造"花园城市"入手,大力开展绿化美化工作

1963年,新加坡在总理李光耀的倡导下,开展了全民植树运动,在绿化环境的基础上开始美化环境。具体做法是:①在城市规划中,尽可能多地划出绿化用地,建立各式各样的公园与花园的绿地,在高楼大厦之间也留出适当的空间设置绿化带。②国家规定所有建筑进行设计时必须同时进行园林绿化设计,并须经园林部门审批同意,否则不

---

① 参见潘国尧、陆静《新加坡治理城市交通拥堵的典范》,载《运输经理世界》2010年第8期,第66~69页。

准开工。③建房之前先交绿化订金，如果不能完成绿化任务，由园林部门用绿化订金去种植完成，绿化任务完成得好还可以降低相关费用。④全国每年都有绿化植树节，国家领导人同群众一起植树。园林绿化设有专门机构负责，由国家发展部下属的国家公园局负责。⑤树木花草一经种下，就不可随意砍伐和损坏。

3. 推崇以人为本的发展理念，依法建设和管理城市

新加坡在建设和管理城市时，始终不渝地坚持以人为本的发展理念。新加坡四通八达的交通线路处处体现了以人为本的宗旨。地铁线路与公交车线路相连，可以提供从各个组屋住宅区（政府出资兴建的大型高层居民住宅楼房）到市区、商业中心及各个旅游景点的快捷交通服务。每一个地铁站同时也是多条公交车线路的转换站，而且，这些站点通常都建有人行通道与附近的组屋住宅区相连，搭有可防日晒雨淋的顶棚。此外，为了鼓励和吸引更多的人搭乘公共汽车，政府特意在地铁站附近建有大型购物商场、电影院、小吃中心与夜市摊位等，颇受人们欢迎。

新加坡是一个法治国家，体现在城市管理方面，自然是有法可依、执法必严。无论是交通秩序管理、城市秩序管理还是环境卫生绿化管理都有一整套详尽的管理办法，是非界限明确，可操作性强，并有一支高效廉洁的执法队伍作保证。众所周知的新加坡雷厉风行、行之有效的"FINE"，在世界上都是很有名的。这里的"FINE"是指罚款。在新加坡，有许多在我们看来属于鸡毛蒜皮的小事，却被人家郑重地写在法规里。比如：MRT（快捷运输系统）里不许喝水吃东西、不许丢纸屑、不许乱按警铃、公共汽车里不准带榴梿等，各种禁令后还标有明确的罚款数额，从几百新加坡元到几千新加坡元不等。①

二、新加坡城大都市治理的特征

"干净、整洁、有礼、有序、美丽、优雅、和谐、宜居"——这是新加坡给每个到访者共同的美好、深刻的印象。新加坡位于马来半岛南端，是世界上国土面积较小的20个国家之一，由1个主岛和63个小岛组成，总面积719平方千米，人口553万。自1965年独立，新加坡只有50多年的历史，但却迅速而稳健地从一个"脏乱差"国家变成了国际公认的"花园城市"，成为当今世界最发达的国家之一，世界上最适宜人类居住的城市之一。可以说，新加坡是一个城市治理十分成功的国家，形成了一套比较成熟和完善的城市治理模式与方法，在世界上树立了它的城市品牌，提供了一个城市良好治理的模板。

（一）科学处理规划、建设与管理三者的关系

新加坡城市治理的核心经验是科学处理好规划、建设与管理三者的关系。新加坡政府认为：规划统领城市发展的方向，是一个先决条件；建设决定城市质量水平的高低，是一个动态过程；管理决定城市的核心竞争力，是一项综合手段。新加坡以各项战略、

---

① 参见王库《试论生态治理视域下的新加坡城市管理》，载《吉林省社会主义学院学报》2008年第3期，第40~42页。

制度和法律法规的严格执行为保障，真正做到了城市规划、建设、管理的有机衔接、协同发展。

新加坡非常重视城市规划的科学制定与认真严格执行，真正把规划作为"发展城市的战略、建设城市的纲领、管理城市的依据"。在城市规划的成功引领下通过四次经济转型，新加坡成为世界最大的集装箱码头、世界第二大钻井平台生产基地、世界第三大炼油中心、世界第四大外汇交易中心和亚洲第二大金融中心，以及成为发达的现代化城市国家。正是因为有一流的规划，加上对规划的有力执行，新加坡的城市发展才取得了一流的成就。

"建管分离"是城市治理的一条基本经验，也是一个基本原则。新加坡规定，因城市规划、建设与管理特点不同，领域不同，因此，应由不同的部门来承担。各部门相互分离、权责明确、各司其职、互不干涉。各部门虽不是互不往来、互不交流，但互不干预、权界分明则是基本要求，如城市管理不可越权干预城市规划和城市建设。公众可以全面参与城市治理，但也有前提条件，要求有序合规进行，并且对其参与的领域和范围也有明确界定，对各专业领域也有专业化要求。这样，可以在保证公众享有参与公共事务管理的权利，以及保证参与的高质、高效的同时，也保证了城市规划、建设与管理的科学合理。

（二）完全法制化的管理

新加坡城市治理最大的特点就是完全法制化的管理，这也是新加坡成功的最重要经验。其特点一是完整性，政府对城市管理的各个方面都进行全面立法，做到了"无事不立法"，使城市执法人员的每项工作都有法可依；二是操作性强，城市管理法规对规定的内容、制定办法以及惩罚措施都进行了详细而具体的规定，既避免了执法的随意性，又增加了可操作性。同时，城市管理的执法力度很大，"严"字当头。另外，还拥有一支素质精良的法纪监督稽查队伍和遍及社会各阶层的群众监控网络。

新加坡良好的城市环境很大程度上还依赖于渗透到城市管理方方面面的罚款制度。它在培养国民良好的行为，使城市管理富于经济色彩以及增加城市管理经费等方面都起到了很大的作用。其特点一是罚款名目繁多，几乎涉及所有公共领域；二是罚款数额大；三是执行罚款严格。政府对执行罚款给予高度重视，通常派专人进行监督。

新加坡遵循着一套可操作的城市管理考评制度。其考评项目非常体系化，对每项指标都有十分具体的评分标准，这就减少了考评中的人为主观评判程度，硬化了考评工作。其考评项目主要分为城市硬件设施的维护管理和城市清洁管理两大类，包括建筑物必须每5年粉饰一次，以及公共电器、卫生、娱乐设施等方面的具体条款。

（三）十分重视对城市管理资金的经营

新加坡在进行城市管理的过程中十分注重对城市管理资金的经营。市镇理事会的主要经费来源是按月收取居民的杂费，占总费用的70%～80%；而政府根据所收取杂费的一定比例（一般为20%～30%）进行补贴。市镇理事会对管理资金的经营合理而高效,大部分直接投入日常城市管理中;而将其余的一小部分投资商业与服务业,通过市场运作,使管理资金增值,以增加城市管理的经费。

(四) 对居民进行城市管理方面的宣传教育

新加坡政府不断以各种形式对居民进行城市管理方面的宣传教育,在政府机构、学校和其他单位,都把"遵守法律、遵守公德、爱护公物、为社会做贡献、为国家增光彩"作为重要的教育内容。政府还经常利用大众传媒,对全民实行清洁、绿化、美化家园的教育等,使他们从思想上认识到遵守各项法律规章、维护城市环境的重要性。同时,在每项城市管理法规颁布的初期,政府也利用媒体进行广泛宣传,宣传期过后再进入执行阶段。

(五) 非常注重相关单位及个人之间的沟通

城市管理相关单位及个人之间的有效沟通也是成功的基石。新加坡城市管理的主要负责机构——市镇理事会,把居民、城市管理中的承包商、基层领袖和政府部门都看作自己的合作伙伴,始终保持着有效的沟通。市镇理事会定期与建屋局、环境发展部等相关的政府部门举行会谈,通过宣传海报、布告、教育手册以及主办大型的活动来教育居民,同时,还通过与基层领袖的定期会面以了解居民的问题和需求。此外,市镇理事会还定期与建筑、清洁和维修承包商会面,特别重视与最基层的清洁员工进行定期交流。

(六) 积极促进公民参与

城市管理中的公民参与正发挥着越来越重要的作用。因此,新加坡在城市管理中采取了多种促进公民参与的方法,如在市镇理事会中吸纳了很多普通居民。市镇理事会每2个月召开一次理事会会议,理事与居民共同商讨城市管理中的具体问题。可见,通过市镇理事会这样的组织,能使居民以城市管理者的身份进行参与,同时也使管理更加符合公众的需求。

(七) 善于利用城市管理辅助手段解决城市管理中出现的问题

新加坡政府十分善于利用评比活动、全国性运动等城市管理辅助手段有针对性地解决城市管理中的问题。通过这些活动的开展,使城市管理者和普通居民对需要解决的问题有更深入的认识,对城市管理的意义和各种相关法律法规有深入的了解。例如,新加坡会定期开展最清洁组屋区比赛的评比活动。新加坡政府通过评比活动,考核一段时期内各个市镇理事会城市管理取得的成绩,同时调动城市管理人员与居民的积极性。新加坡也经常在全国开展城市管理社会教育运动,如全国性的"反吐痰运动""取缔乱抛垃圾运动"和"防止污化运动"等几十次社会教育运动。

(八) 管理人员认真负责,政府官员以身作则

管理人员认真负责、政府官员以身作则也是城市治理的关键。新加坡城市重建局、建屋发展局、公园及康乐局、市政理事会等公用事业局的工作人员每天早上都巡视公

园、绿地、街道等，下午对于有损坏或者不合要求的地方要开会或写报告，并在几天内派人整治。新加坡的总理也对环境卫生、绿化和整个城市的管理工作十分重视，经常亲自上街巡视，一旦发现问题马上让总理署打电话过问，几天内还要派人亲自检查。政府官员的重视保证了新加坡城市管理工作的有效开展。

新加坡不但以法治来保证城市管理工作的权威性，同时充分利用基层领袖的作用以解决硬性执法中不易解决的一些难题。市镇理事会在进行执法或者协调城市管理中以执法者身份出现常常难以协调的难题，通常就请相应选区的基层领袖进行调节，从而切实解决问题。[①]

第四节 亚洲国家大都市治理的经验归纳

亚洲的治理实践，是基于独特的政治、经济、社会和文化背景下的因地制宜的改革实践，其治理经验主要来自人们对政治与市场、传统社会与现代社会的转型途径的探索。亚洲的经验主要可以归纳为以下七点。

一、中央政府的主导作用

亚洲各国政府在致力于加快分权化和私营化改革的进程中，中央政府扮演着不可替代的角色。上述各案例的事件无一例外地表明，中央政府在亚洲仍然发挥着极其重要的作用。无论在日本还是韩国的案例中，我们都可以发现，中央政府的主导作用促成了大都市政府组织机构的调整、规划和区划的顺利完成，集权体制仍然发挥着十分重要的影响力。因此，在大都市治理中，如何在地方政府、私营企业与社会，甚至非政府组织和国际机构的纷纷介入下，尤其是在一些关系到国计民生的重大决策方面，既保持中央政府的治理能力，又发挥各方力量的主动性，平衡各自利益，是亚洲国家长期探索与实践的主要趋向。

二、经济至上的原则

在相当长的一段时间中，亚洲大都市仍然肩负着经济增长中心的重要使命，几乎所有的大都市发展政策都热衷于土地开发、工业区建设、港口和高速公路及其他区域经济活动的基础设施的财政资源分配，因此，大都市区的治理实际上可以看作经济发展政策的工具。从政治上考察，在亚洲的集权体制下，进行"权力集中、功能分散"的系统运作，有利于大都市区政府在严峻的人口、资源与环境等现实背景下，将国家的区域规划和发展战略落实到具体的实施项目中。所以，按照美国学者克鲁格曼的看法，亚洲大都市治理的宗旨，主要还是以优先发展经济为主。为了经济的高效运行，权力的分配使用与适当集中仍将起着十分巨大的作用。

---

① 参见张红樱、张诗雨《国外城市治理变革与经验》，中国言实出版社2012年版，第39页。

三、公众参与的适当形式

亚洲传统文化强调天人合一、以德为本、兼爱交利等,因此,注重群体和谐发展、强调国家从宏观角度干预经济是亚洲传统文化下的价值观。适当地引导和运用公众参与有助于政治的透明和行政的有效。在东京的案例中,我们发现,由于历史与文化传统的不同,在公众参与方面,东京政府运用各种传媒帮助公众理解政府的各种决策意图,让公众信任、支持和协助政府的各项举措。因此,亚洲的公众参与更加注重强调公众的集体利益而非公众的个人自由;公众参与主要用于敦促政府去不断创新以满足公众的需求或监督政府的决策是否维护了公众利益,而不是以各自为己的极端自由主义为出发点。

四、基层政府治理能力的逐步提高

在分权改革下,亚洲大都市目前不是地方权力的普遍增强,而是地方治理能力和权限较为薄弱。通过加强地方政府之间、地方政府和私营企业之间、地方政府与非政府组织(non-governmental organizations,NGO)和社区基层组织(community-based organizations,CBO)的合作来增强地方政府的实力。地方政府实力的加强,有助于使城市的卫生状况、环境保护、住房提供等方面都得到改善,缓解大都市政府的压力。

五、行政区划手段的多种运用

在急剧变化的亚洲大都市区,行政区划调整仍然是一种行之有效的大都市区域政府组织和整合手段。我们从本章介绍的三个国家城市的案例中发现,在亚洲,行政区划矛盾解决的方式要比北美与欧洲相对容易许多。通过合作、兼并和规划等方式,能够达到使矛盾最终化解的目的。韩国釜山在集权制度与文化背景下,建立了一套权威性的法律制度,由中央出面协调,通过合作规划解决区界矛盾的方式更符合当今亚洲政治分权化改革、经济迅速发展及社会转型的趋势。

六、多种途径的治理探索

无论是大都市区政府组织的整合、公众的参与,还是行政区划的调整及多方力量的联合,这些方式都反映出亚洲大都市区治理的一种转型时期探索和实践的特征。

七、国家社会的作用发挥

近年来,国家组织在基金、指导、贷款、智力投资等方面立下汗马功劳。如何发挥国际社会的力量,寻求国际组织在资金、人力与物力资源上的帮助,也是亚洲大都市区治理要重视的问题。国家社会和组织有助于帮助大都市区真正走向与全球接轨的治理之路,是促使世界大都市进行合作、交流的重要力量。[①]

---

① 参见黄珊《国外大都市区治理模式》,东南大学出版社2003年版,第202页。

第四章 非洲国家大都市治理的特征及其经验

20世纪50年代,非洲大陆在经历了漫长的殖民统治后,许多国家通过民族解放运动获得了民族独立;与此同时,非洲大陆的城市化进程也呈现出逐渐加速发展的态势。1950年,非洲的城市化率为14.7%,仅为同时期世界平均水平(28.4%)的一半。20世纪60年代到80年代,非洲城市平均人口增长率已居世界第一(见表4-1)。非洲知名智库南非安全研究所发布的《非洲城市的未来》研究报告中指出:截至2016年年底,接近4.88亿的人口居住在城市,大陆城镇人口增长率为3.9%,人口增长率居全球之首。1990—2016年的26年间,非洲城市人口从2.01亿人增加到将近5亿人。按照这样的速度发展下去,到2050年,这一数据将会攀升至14亿,城市人口会达到非洲大陆人口总数的58%。[①]

表4-1 20世纪60至80年代世界各大洲城市人口平均增长率[②]

地区	20世纪60—70年代	20世纪70—80年代
亚洲	3.5%	3.6%
非洲	4.9%	5%
拉丁美洲	4.2%	3.9%
北美洲	1.8%	1.4%
欧洲	1.8%	1.5%
大洋洲	2.8%	1.6%

第一节 埃及开罗的大都市治理

列宁曾指出:"城市是经济、政治和人民的精神生活的中心,是前进的主要动力。"[③] 在城市化已经成为世界发展潮流的今天,发展中国家面临着严重的城市化问题。城市化是人类社会演进历程中具有普遍意义的发展阶段,是衡量区域发展水平的重要标尺。纵观当代世界城市化的基本格局,中东地区占有突出地位。世界银行调查显示,过去的20年里,该地区城市人口年均增长率高达4%,仅次于撒哈拉以南的非洲。从探讨中东城市化发展的规律看,埃及城市化进程有着典型的、不可替代的研究价值。

---

① 参见张同铸《非洲经济社会发展战略问题研究》,人民出版社1992年版,第156页。
② Anthony O'Connor. The African City. Holmes & Meier Pub, 1983:59.
③ [苏联]列宁:《列宁全集》(第19卷),人民出版社1959年版,第264页。

在西方文明冲击下，近代埃及拉开了工业化序幕。长期受西方殖民统治的遭遇，使埃及城市化起步受外来因素的显著影响，呈现出起步早但发展局限于首都城市的特征。从1897年埃及政府第一次人口普查来看，小规模的上埃及农村人口已开始向开罗迁移。① 1952年七月革命后，埃及人开始掌握现代化的主导权，城市化进程加快。在纳赛尔倡导的阿拉伯社会主义指导下，国家对城市发展的影响直接而强烈。大量工业企业设置在开罗及其附近地区，数以万计的农村移民涌入城市（见表4-2）。萨达特上台后，埃及成为中东最早实施开放政策的国家，城市化进程进一步加速。大量上埃及移民迁往开罗，寻求就业机会。20世纪80年代中期埃及移民研究显示，开罗接纳了全国农村移民总数的22.7%。② 此后，开罗人口爆炸式增长。1990年开罗都市区人口达910万人，城市年均人口增长率高达2.42%。③ 其中，农村移民占有相当比重，2006年开罗15~65岁人口中约10%是农村移民，加上迁居开罗后出生的第二、三代移民，这一比例将更加庞大。④ 到2011年，开罗大都市人口已达1120万人。据估计，2011—2025年开罗人口年均增长率将超过1990—2011年（1%），达到1.98%。⑤ 可见，在埃及城市化的历史进程中，农村人口向开罗迁移发挥着举足轻重的作用。开罗能成为埃及、中东乃至非洲的巨型城市，在很大程度上是国内农村移民的结果。

表4-2　1907—1980年开罗净移民数量

时期	进入开罗的净移民数（万人）	开罗年均移民数增加比例（%）
1907—1917年	15.8	2.0
1918—1927年	29.7	2.8
1928—1937年	35.9	2.6
1938—1947年	60.6	2.8
1948—1960年	95.3	2.2
1961—1970年	70.2	2.1
1971—1980年	110	1.9

然而，这些进城后的农村移民却没有完全被都市化的开罗所吸纳，小部分人季节性地游走于城市与乡村之间，更多地聚居在城市外围的非正规住房中，成为具有边缘性的社会群体。尽管在世界城市化进程中，农村移民群体并非唯一处于边缘化状态的社会群

---

① A. Zohry. Rural-to-Urban Labor Migration: a Study of Upper Egyptian Laborers in Cairo. Ph. D. Dissertation University of Sussex, 2002: 46.
② Abdulaziz Y. Saqqaf. The Middle East City: Ancient Traditions Confront a Modern World. Paragon House, 1987: 247.
③ World Urbanization Prospects: the 2011 Revision. United Nations, 2012: 8.
④ Jackline Wahba. An Overview of Internal and International Migration in Egypt. Economic Research Forum Working Paper, 2007-07-03: 7.
⑤ World Urbanization Prospects: the 2011 Revision. United Nations, 2012.

体,该群体也不为埃及所独有,但是,生活在开罗的农村移民群体无论是生存现状、边缘化原因还是对城市社会稳定所产生的影响,都与西方发达国家迥异,并且在发展中国家具有一定的代表性。

一、开罗的大都市治理观察

开罗既是阿拉伯世界和非洲人口最多的城市,又是中东地区最早接受西方文明洗礼的城市之一。其现代化历程曲折而漫长,但在伊斯兰国家及第三世界国家具有代表意义。开罗自969年建立后,一直是埃及全国政治、经济、文化中心。法蒂玛王朝时期,开罗成为世界重要商业中心。1046—1049年访问埃及的波斯旅行家纳赛·库斯特说:"我无法估计它的财富,我从来未在任何别的地方看到过像这里这样的繁荣。"[1] 阿尤比王朝时期,开罗成为穆斯林世界的中心与中世纪亚非欧三洲的大都会。据赵汝适的《诸蕃志》中记载,开罗"……市肆喧哗,金银绫锦之类种种萃聚,工匠技术咸精其能"[2]。马木路克王朝时期,开罗跨入世界大城市行列,其规模比"巴黎大六倍"[3]"拥有35个主要市场和2万个商店"。摩洛哥旅行家伊本·白图泰形容开罗"居民势如潮涌几难尽容","真是人山人海,除了中国的汉八里(北京)以外,可算是世界上最大的都市了"。他赞扬开罗"地区辽阔、物产丰饶、商旅辐辏、房舍栉比,而且极其富丽"。14—15世纪,由于开罗与威尼斯形成了对东西方贸易的垄断,开罗成了当时世界上主要的商贸中心之一,人口达到50万人。来自中国、印度和印度尼西亚群岛的丝绸、香料船只通过开罗,到达君士坦丁堡与威尼斯市场。1517年奥斯曼土耳其素丹塞里姆一世征服埃及后,劫走18000名技艺高超的工匠,使56种行业不复存在,开罗开始衰落,到18世纪末,居民数下降为30万人。[4] 市容更是破败不堪,"街道崎岖不平,又窄又脏,商店像马厩,空气中布满了灰尘"。1789年7月法国的入侵,揭开了埃及新的一页,开罗也踏上了城市现代化的征程。

城市作为人类文明的主要载体,在资产阶级工业革命之后,开始发生质的飞跃,开始从中世纪城市向现代化城市转化。从世界范围看,以英国为代表的西方国家的城市现代化起步与资本主义的兴起紧密相连,是资本主义工业化自然延伸的结果。埃及由于缺乏资本主义独立发展阶段,所以开罗城市的现代化是在法、英殖民者外力揳入的前提下开始的,这种"外发型"的城市现代化进程为开罗带来巨大而深远的影响。

(一) 化解日益加重的贫民窟问题

首先,推行公共住房政策。埃及政府认为,开罗人口膨胀导致的住房供给不足是催生贫民窟现象的直接原因,自此,各种缓解住房压力的大型公共住房项目开始在埃及启动。早在20世纪50年代初,开罗政府就提出针对低收入家庭的住房建设计划,截至

---

[1] J. D. Fage. The Cambridge History of Africa. Cambridge University Press, 1988: 16。
[2] 沈福伟:《中国与非洲——中非关系二千年》,中华书局1990年版,第250页。
[3] 何芳川等:《非洲通史(古代卷)》,华东师范大学出版社1995年版,第217页。
[4] 参见杨灏城《埃及近代史》,中国社会科学出版社1985年版,第13页。

1955年，共建住房15000套。① 1958年，为进一步缓解开罗等大城市住房供给不足问题，纳赛尔政府提出向沙漠进军的战略规划，并在开罗附近的沙漠地区实施纳赛尔城计划，该城占地约81平方千米，其中45%的住房分配给城市低收入群体。② 萨达特执政时期，政府继续施行大规模公共住房政策。"萨达特责成埃及建设部实施'青年公寓'计划，经过多年努力共建成'青年公寓'10万套。"③ 为了分散开罗人口压力，埃及政府在20世纪70年代末实施了更大规模的新城镇计划，斋月十日城、5月15日城、10月6日城、圆月城、欧布尔城、谢赫·扎耶德城、日出城、新开罗等拔地而起。④ 截至目前，共建新城39座。这项计划目前仍然是政府用来最终解决城市贫民窟的主要方法之一。按照计划，它可以吸收数百万人口，如果没有该计划，这些人都会居住在大开罗的贫民窟地区。

一方面，城市人口增长有待控制。20世纪五六十年代，埃及政府针对开罗低收入家庭实施了大规模的住房计划。但是，由于开罗城市人口的爆炸式增长，这些住房计划实际效果并不明显，开罗贫民窟面积持续扩大。另一方面，保障经济适用房和廉价房住宅区的基础设施建设滞后。埃及政府在开罗附近开展的新城镇计划，尽管在某种程度上增加了城市住房储备，缓解了大开罗地区的住房压力，但是，新城镇中面临公路、桥梁、供电网络、通信网络等基础设施的严重短缺，直接造成"卫星城"发展战略对城市低收入群体吸引力不足。据1996年统计，10月6日城目标人口为50万，而当年人口仅为35470人；斋月十日城目标人口为50万，实际人口仅为47839人；巴德尔城预计人口为25万，实际居民仅有248人，远远低于目标数字。由此可见，开罗政府针对贫民窟的公共住房政策并未起到预期的效果，反而由于政策执行过程中的失误导致了诸多社会问题。

其次，实施搬迁再安置政策。破败的贫民窟严重影响了开罗各项城市功能的发挥与首都形象的塑造。为提升城市的国际竞争力和现代化水平，从萨达特时期起，开罗政府开始对市内部分贫民窟实施搬迁安置政策。对贫民窟地区进行拆迁改造，这样，既可以实现对贫民窟地区非正规住房的合法化，又可以有效提升城市土地的经济价值。⑤ 但在搬迁过程中，埃及政府对贫民窟内居民权利的忽视，以及政策执行过程中的粗暴举措，使搬迁安置政策呈现出极大盲目性，引发的社会问题层出不穷。例如，埃及政府在对开罗贫民窟进行拆迁的过程中，为了增强其行为的合法性，获取更多社会舆论的支持，往往夸大贫民窟内部的社会问题，无形中增强了城市社会成员对贫民窟居民的社会排斥。再如，由于贫民窟居民大部分在非正规经济部门工作，其职业对原居住地社会经济资源

---

① David Sims. Urban Slum Reports: the Case of Cairo. Egypt, 2011 – 05 – 15, http://www.Ucl.ac.uk/dpu-projects/Global_Report/pdfs/Cairo.pdf.

② Ahmed M. Soliman. A Possible Way Out: Formalizing Housing Informality in Egyptian Cities. University Press of America, 2004: 83.

③ 车效梅：《当代中东大城市困境与对策分析》，载《西亚非洲》2006年第9期，第40~46页。

④ Dona J. Stewart. Cities in the Desert: the Egyptian New-Town Program. Annals of the Association American Geographers, 1996 (3): 459~480.

⑤ 参见刘晔《城市治理与公共权力：边界、责任与合法性》，上海辞书出版社2005年版，第185~188页。

依赖严重，强制性的政府搬迁政策及迁入地区经济薄弱的状况，造成了"搬迁即失业"的局面，进一步加剧了贫民窟居民的生活困难状况，最终造成搬迁居民再次回流贫民窟的恶性循环。总之，由于没有解决好贫民窟居民的"贫困"问题，开罗的搬迁安置政策要么纠纷不断难以实行，要么只是将贫民窟从"一个地区"搬迁到"另一个地区"。可以预见，如果不为搬迁居民创造合适的就业环境，极易使搬迁后的安居工程再次衍化为新的棚户区，为日后反贫困工作的展开设置障碍。

最后，开展贫民窟升级改造项目。20世纪90年代初，穆巴拉克政府鉴于贫民窟与恐怖主义的密切联系，开始注重对开罗贫民窟的治理工作。该治理政策在延续公共住房工程以及搬迁安置政策的同时，最为显著的是开展了贫民窟升级改造项目。1992年，埃及政府对包括开罗在内的大中城市贫民窟进行了普查统计，该普查工作将城市贫民窟划分为急需升级改造的住宅（占大多数）与需要清除和搬迁的住宅（占相对较小的数量）。此后，政府根据普查结果，在对无法改造的贫民窟进行拆除工作的同时，还对全国城市中的大部分贫民窟实施升级改造。内容包括规范贫民窟土地与住房所有权，完善贫民窟内部基础设施，如饮用水供给、污水排放和电力设施等内容。据2000年埃及国家规划研究所对该项目的评估显示，截至1999年，大开罗地区贫民窟获得政府改造的投资总额达到28.55亿美元，占全部投资的51%，投资中40%的款项用于改造贫民窟内的排污系统。截至2012年，此项目是埃及政府系统解决开罗贫民窟问题及城市低收入群体各项需求的首要措施。

贫民窟升级改造，不仅避免了清除与搬迁过程中带来的各种纠纷和社会问题，而且避免了贫民窟居民入住公共住房后，原有社区组织被打破所带来的消极影响，从而避免了新的社会矛盾的产生。不过，埃及的贫民窟升级改造项目也面临着诸多考验，值得思考。第一，升级改造项目覆盖面有限。按照项目初期规划预计，大约570万人将成为项目的受益者，而实际目前生活在贫民窟的埃及人口约1300万，远远超过预期受益人数。这意味着有大部分贫民窟人口将无法被升级项目所覆盖。第二，投资项目并未涉及社会服务领域，特别是教育领域。而调查显示，教育设施是开罗城市贫民窟最缺乏的公共设施。第三，项目资金管理缺乏有效监督。贫民窟居民在对升级改造所用资金的监管方面没有任何发言权。大多数居民甚至没有意识到存在着这样的国家改造项目。[①]

（二）摆脱人口困境的对策

埃及政府对开罗人口的控制主要从以下几方面着手。

1. 采取计划生育，控制人口自然增长

为控制人口过度增长，埃及政府加大了计划生育工作力度，成立了计划生育委员会，掀起了具有全国规模的计划生育运动，提出了"一对夫妇只生两个孩子"的口号；新闻总署下属单位通过举办群众论坛、对话、青年座谈会、知识普及会、文艺比赛、电影展播等活动提高人们对人口问题的认识水平。爱兹哈尔大学设立了计划生育研究会，

---

① 参见李晶、车效梅《开罗贫民窟问题的解决对山西城市发展的借鉴意义》，载《中国名城》2012年第2期，第53～59页。

专门研究伊斯兰教教义与控制人口的关系。埃及育龄妇女采用绝育措施避孕者的比例由2004年的58.2%增至2005年的63.3%，平均每家生育的子女数由2004年的3.1个减少到了2005年的3.08个，人口增长率已经从1996年的2.1%下降为2005年的1.91%。但是，人口高速增长仍是埃及经济面临的一大严峻问题，2005年埃及人口自然增长为1350343人。

2. 实现人口在各地的最佳分布，限制开罗人口机械增长

埃及政府制订了有关人口政策的计划：①南埃及国家开发计划。埃及政府计划在1997—2017年投资3049亿埃镑开发南埃及地区。该计划完成时，将创造280万个就业机会，开垦耕地130万费丹（1费丹合6.3市亩，约为4200平方米）。建立若干新的工业区，在一定程度上缓解国内投资与发展的不平衡，抑制从上埃及诸省向其他富裕地区尤其是开罗和亚历山大的移民潮。②乡村一体化国家开发计划。该计划1994年开始，到2017年完成，投资2670亿埃镑，目的在于改变农村贫困面貌，并通过就地创造就业机会和提高生活水平，减缓农村向城市的人口流动。③新河谷运河计划。该计划始于1997年，预计2017年完成，设想从位于新河谷的纳赛尔湖引流到西部沙漠的巴里斯绿洲，新开辟耕地约4000平方千米，吸引700万人到那里生活。①但是，上述三项计划耗资颇大，而埃及经济严重依赖外援，外资能否到位，远非开罗所能左右。同时，"在埃及社会居主导地位的大城市既得利益集团为保护自身利益，千方百计地阻挠计划的实施"。

3. 向沙漠地区分散，减少耕地浪费

在开罗郊外修建卫星城，以吸引城市中心过剩的人口，从而降低城市中心人口密度，缓解"城市病"。埃及的新城建设始于20世纪70年代末，第一座新城为斋月十日城。现在，大开罗及其周边地区有8座新城：斋月十日城、5月15日城、10月6日城、圆月城、欧布尔城、谢赫·扎耶德城、日出城、新开罗。新城为开罗人创造了很多就业机会，对缓解中心城市严重的人口、经济和环境压力具有重要作用。但是，新城面临修建公路、桥梁、供电网络、通信网络等基础设施任务，新城市基础设施建设受国家经济发展的制约。《埃及新闻报》报道称，埃及2008年前4个月城市通货膨胀率达16.4%，高通货膨胀严重影响着新城市建设。

4. 加大投资力度，解决"城市病"

1982年3月—1987年9月，埃及兴建了从海尔旺到马尔吉全长43千米的开罗地铁；同时，利用尼罗河这条贯穿南北的大动脉从事水上客运分流，以缓解道路交通特别是高峰期道路拥堵的压力。20世纪90年代初期，埃及政府鼓励私营资本投资房地产建设。1997年房地产投资比1996年增长了22%，1998年则增长了15%，其中，私人投资所占比例从1996年的69%上升到1998年的80%。针对开罗低收入居民多，消费与购房能力差的现状，埃及的房地产政策尽量"向低收入者和弱势群体倾斜"。1992年以来，埃及一直致力于解决棚户区问题，在2001年6月6日的联合国大会上，埃及从16个国家中脱颖而出，被选为全球五大成功解决棚户区问题的国家之一。2005—2006年，

---

① 参见雷钰、苏瑞林《中东国家通史：埃及卷》，商务印书馆2003年版，368～370页。

埃及政府共花费约 1.9256 亿埃镑（当时 5.7 埃镑合 1 美元）改造棚户区。[①] 2006—2007 财政年度，埃及政府投资 69 亿埃镑用于饮用水项目和污水处理项目，鼓励私营企业参与国家重点项目的建设，预计总投资额将达到 1350 亿埃镑，其中，私营企业的投资为 840 亿埃镑。同时，国家正在制订计划，为管理固体与液体垃圾建立完善的体系，并且注重在这些地区扩大绿化面积，从而改善公共卫生状况并提高环境质量。大力引进"戴姆勒 – BP"公司集团的天然气汽车。2000 年，埃及已经购入 11 万辆天然气汽车，并成为世界上第八大天然气汽车使用国。埃及政府在积极创造就业机会，吸纳新劳动力和失业者的同时，实施了一系列保障项目，向全体劳动者提供社会保险，以满足与社会经济状况相适应的生活需求。根据埃及 2005—2006 财政年度国家预算与投资规划，政府预算支出的重点是增加对低收入群体的服务及社会福利，提高社会保险、教育基金、工资和奖金，完善基础设施建设项目，等等。上述措施所需资金多来自外援，2006—2007 财政年度埃及外资投入大幅增加，骤增至 111 亿美元，比 2005—2006 财政年度增长 82%，大大增强了埃及经济发展的活力。[②]

二、开罗大都市治理的特征

城市现代化在资本主义国家里，是伴随着现代工业生产发展的一个动态过程，是政治、经济、文化、社会心理、生活习俗多层次、多侧面、立体交叉的一种发展。它既是工业化的结果，又是工业化的延伸。但是在开罗，城市现代化过程却展现了与资本主义国家不同的特征。

（一）打上了殖民地性质的烙印

跨入现代化后，开罗的经济命脉始终操纵在外国殖民者手中，其经济以"外向型"经济为主。表现在经营倾向上，外资投资的半数以上用于商业掠夺性事业，即进出口和与其相关的运输、银行等事业，工矿企业的投资却很少。表现在城市建设方面，则是加强了城市建设的不合理性。20 世纪初，在英国政府的鼓励下，对开罗的开发达到顶点，外国公司纷纷到开罗寻找其开发的空间，城市出现了自流发展的印记。此后，自流发展的现象进一步恶化，结果，由于供水、排水、电力系统等缺乏统一规划，拆建缺乏宏观控制，往往一个小小的疏漏，便会造成全区的瘫痪。同时，大量人口的涌进，一方面造成住房拥挤、房价昂贵；另一方面又使大量贫民窟、临时棚户出现，使城市布局的不合理现象进一步加重。另外，开罗城市现代化的程度和进度也受到外资制约，如伊斯梅尔时期由于得到了外国大量贷款，开罗改建工作得以顺利进行，仅用了 10 年时间，尼罗河畔便出现了一个现代化城市。这些投资迅速转化为垄断开罗的经济力量，并以此控制埃及的经济命脉。

（二）非自然的发展过程

西方资本主义国家的城市现代化往往是先工业化、后城市化的发展顺序，而开罗所

---

① 参见车效梅、张亚云《开罗都市进程中的人口问题》，载《西亚非洲》2009 年第 5 期，第 51～58、80 页。
② 参见车效梅、张亚云《开罗都市进程中的人口问题》，载《西亚非洲》2009 年第 5 期，第 51～58、80 页。

反映的城市条件和经验都似乎不合乎逻辑。它不是前者的继续，而是违反传统的西方模式，被视为由于局部或不完整地向城市现代化过渡而出现的一种畸形发展。埃及的城市现代化是以商贸为主，是外部力量作用的结果，在城市经济结构上造成了商强工弱的局面，在其顺序上是先城市化后工业化。

帝国主义在商业掠夺和开办大批现代企业的基础上，通过开罗等大城市把埃及广大城镇与乡村卷入了世界资本主义市场，不仅造成了这些国家的乡村自然经济的解体，而且造成了乡村对帝国主义经济的依赖性。从自然经济瓦解中游离出来的大量人口，虽然为民族资本主义的发展提供了丰富而廉价的劳动力；但是，由于这些城市存在巨额资金被掠至国外和民族资本弱小等先天不足，使其容纳不了大量的农村移民。因而，大部分移民缺乏转化成商品化劳动力的可能，形成了一股庞大的失业消费大军，造成了开罗城市人口过剩的畸形结构。

（三）市民心理态势呈现二重性特点

以英国为首的资本主义工业化和城市化基本上同步进行，城市居民心态与现代化过程也基本相宜。而开罗现代化则是被动的、突进的，是在其国民缺乏现代化意识的背景下开始的，因而，国民心态的失调特别严重。表现为传统文化与现代文化、传统心理与现代意识、传统道德与商品道德之间的矛盾和冲突。在这种矛盾和冲突的交织中，无论是开罗的官僚贵族还是平民百姓对西方文明都经历了由拒绝到接受的过程。如衣着的改革激怒了保守势力特别是宗教势力。而随后大批埃及国家的官僚、贵族、富商等建立西式别墅，创办新式学校、医院，着西装、看歌剧、说英语等则为接受的表征。这些过程，可视为西方物质文明渗入开罗市民生活的一个小小缩影，实际上反映了市民文化心理状态的现代化过程。

（四）具有外发性特点

由于开罗现代化过程具有外发性特点，因而，这一历史进程本身就充满着特殊的双重交叉态势。表现为一方面西方文明启动并促进了开罗城市的现代化，另一方面逐渐觉醒的埃及先进人士也在寻找一条本民族现代化之路。同时，由于这些大城市现代化进程与农村是脱节的，因而它们的发展状况并不能反映埃及经济的整体发展水平。它既不能把埃及农业从封建的落后状态中解脱出来，使埃及跨入工业国的行列，也不可能在经济、政治等方面与西方的城市竞争。①

综上所述，开罗在外力揳入和内部改革两种力量的作用下，踏上了城市现代化的漫漫征途。不仅城市管理体制、城市市容、内部格局发生了剧变，而且城市人口空前增长，经济功能加强，城市在国内外的地位上升。不仅如此，城市还成为现代政治、思想、文化的孕育地，成为各种现代思潮的发祥地。但是也应该看到，这些城市的现代化是伴随着殖民国家的侵略开始的，所以在其现代化过程中，它们与资本主义宗主国的联系要多于与本国内地的联系。这不仅不能把农业从封建的落后状态中解脱出来，而且其

---

① 参见车效梅《中东伊斯兰城市研究》（博士学位论文），西北大学2004年。

发展也不能代表整个国家现代化的水平；其不仅展现出与资本主义城市现代化不同的特征，而且也不能成为与西方城市相匹配的竞争对手。

第二节 南非约翰内斯堡的大都市治理

一、约翰内斯堡的大都市治理观察

约翰内斯堡位于东北部瓦尔河上游高地，海拔1754米，是南非最大的城市。人口为388.81万，算上周围郊区人口，其总人口约为700万人。它是南非的金融、通信和商业中心，是国家主要的工业与地面物流中心，也是非洲重要的交通中枢城市，拥有非洲最大和最现代化的航空港。约翰内斯堡具有较高的移民率，由于从国家其他地区移民到约翰内斯堡的人口迅速增加，加剧了其对城市经济与社会基础设施的需求。1996—2001年，约翰内斯堡的人口增加了22%。约翰内斯堡的协调利益相关者，在政治领导下实现国家政策计划，整个政府管理制度结构如图4-1所示。

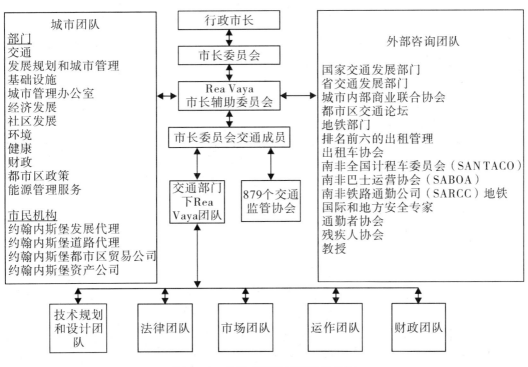

图4-1 约翰内斯堡城市机构结构

在这个城市中，当地政府跨越并弥合了以前在社会、经济和空间上的排斥所造成的尖锐对立与划分。20世纪90年代末和21世纪初期制定的约翰内斯堡城市发展战略，将其作为一个例子展示与说明在发展中国家的重要城市中，是由广泛的国家发展机构去推动战略型城市视野活动的。在这些活动中，"南部"城市发展的循环和"北部"城市政策最终结合在了一起刺激了城市理论的发展,尤其表现在全球化竞争压力与基础服务迫切要求包围下所带来的一系列挑战。约翰内斯堡的例子也在新自由全球化的背景下,在关于国际型城市决策的策略性上提出了一些重要的问题。在发展的政策性循环中,技术上和财政力量上相互关系的限制,对于未来城市的一个分享而又聚集型的景象能否真正地实现会产生影响。参与性是发展主义政策中的原则,它需要与更加正式的政策性机构并行,以保证政策的结果能够恰当地满足那些大城市中将政策实惠给穷人的地方政务会的需求。在这里,特别考虑到了参与性过程和民主选举制度的相对重要性,同时安插在技术支持中的力量关系也为战略上的远景活动做出了贡献。

(一) 后种族隔离时代约翰内斯堡的城市治理

尽管在20世纪90年代早期,后种族隔离时代对约翰内斯堡未来发展的憧憬已经启动,国家和当地政府两级与政策移民的定居者已进行了协商,但是,直到20世纪90年代末,全面的城市愿景活动才真正开始。这一活动出现在将四个市政区域合并在一个拱形都市结构之中的背景下。[①] 在2000年建立的所谓"单一性"市政体制,在经历了种族隔离制度下数十年的种族划分和支离破碎的政府管理之后,第一次在城市中整合出了完整的都市政府。但是,正如城市愿景活动一样,新的市政体制也诞生在危机之中。1997年,约翰内斯堡四个传统意义上的地方自治机关在税收征管问题积重难返的背景(由于贫困的黑人聚集区域大量服务设施的积压与来自富人区的联合抵制,实际上抵销了增加的税收)下开始以自己的方式应对严重的金融危机。

金融危机导致了常规管理体制上的变化,出现了一个直接监督预算和最终做出决定的委员会。在接下来的3年时间里,有一系列的制度变迁,在制度与金融体系上大规模的改革为创立"单一性"的市政体制带来了便利。这一改革计划被命名为"Goli 2002"(Goli是约翰内斯堡的俚称,本来意思是黄金之城)。计划涉及小规模的私有化,用针对民营公司的管理合同去运行像自来水公司和电力公司这样的"委员会"所掌管的企业。这使国库被批准重新建立。这一批准的获得,加上当地领导人的推动与建议,在一系列重要指标上限定和规范了委员会的行为。

在城市发展战略过程中,这些不同发展阶段的主要特征是不同的组成形式。起初,人们设想有一个强有力的参与性过程,但是,随后这一过程存在着内在化的倾向,仅仅涉及高级的顾问和官员。在所有的阶段中,顾问和技术性输入的角色是很强的。约翰内斯堡在长期的城市愿景规划经历中的特征给形成城市战略中参与性的角色带来了质疑。

对于南非的城市管理者来说,聚集起设想在城市发展战略的第一阶段中进行谈判并建立共识的主要"表演者",是多年以来当地政治文化的一个重要组成部分。20世纪80年代,其尝试开始由黑人消费者打破白人商业所造成的经济壁垒,联系到早期的一些为创造"一个城市一个税收起点"的反种族主义斗争,差异性谈判在20世纪90年代创立后种族主义的政府机构和制度上扮演了重要的角色。当地政府照例安排通过立法产生包

[①] 参见苏珊·帕奈尔、杰尼·罗宾逊、王晓晓等《从约翰内斯堡的城市发展战略来看城市发展与政策建议》,载《北京城市学院学报》2010年第2期,第14～20页。

括一系列种族隔离性质的有关当地民事、工会和反对党的授权，还掺杂了合法的与不合法的成分。这种参与性的传统通过在规划活动中创立社区委员会和强制性的参与性制度在国家的立法体系中得到巩固。在南非，当地政府的民主制度形成过程，不仅意味着有一个选举委员会代表所组成的体系，而且要有一个保证公众能持续参与的构架。

然而，正如约翰内斯堡的城市发展战略一样，参与性在领导实施这一过程的委员会中已经显得不那么重要了，甚至公共协商也变得敷衍了事。所以，贫困人口和其他选民的利益不能通过在当地政府中选举代表和政府官员来体现。约翰内斯堡证明了参与性在评估城市发展规划，甚至决定对穷人和边缘化群体的影响时是一个并不充分的衡量标准。专业政治评论者的观点是：参与性不可避免地会导致各种各样的结果，但是，对于城市发展来说，建立战略愿景的深层次政治过程对在城市发展战略中发展与解决贫困问题所带来的影响都应该是最重要的部分。

因此，建议在发展中国家的城市发展战略过程中插入更加正式的政治上和制度上的动态细节分析。正如在发达城市中常见的那样，在决定发展结果甚至是导致贫困和不公正问题的过程中，对各自所扮演角色进行不同评估。在约翰内斯堡，提出这些问题的一个重要背景是广泛的制度上的重建。在大众的记忆中，这种广泛意义上的重建为的是在重建城市政府机构的初级阶段去构建城市发展战略的过程。"Goli 2002"（它与创立新的都市结构和单一性联系较少，而与"私有化"的服务联系较多）体现了南非当地政府的变革，同时也招来了大量的反对声浪。围绕着"Goli 2002"的一系列组织引发了较"左"的新型政治结构——著名的反私有化论坛（与市政联合体、"左翼"智囊团和新出现的大众化运动有关联）。这一组合在重建过程中，无论是在定义民营公司在管理委员会的职能角色上，还是在对员工的整合结果上都受到了强烈的批评。对"Goli 2002"的推动和提倡主要指向事实上有限度的私有化，即涉及内部机构和公共服务设施的创立、有针对性地设置和管理合同最大可能的重建，而不是通盘意义上的私有化。然而，一届又一届的委员会已经显示出其不能充分恰当地理顺体制。

来自"Goli 2002"政治上的附带结果导致了委员会和南非市镇工人联合会之间关系的破裂以及委员会与"左翼"批评团体之间关系的紧张。结果，长期的愿景进程被大量地更改，通过在城市中不同利益群体之间的协商和讨论稳步筑造城市愿景的机会，在委员会不断扩充的"阵地"与抵制下已经丧失了。城市发展战略在当地权力机关、商业、社区和联合体之间以参与性"合伙"的姿态出现，却最终作为仅仅局限于顾问、议员和政府官员的更加富于技术性的活动而收场。

来自哈佛大学的现在已经业务遍布全球的国际顾问团（Monitor）已经被雇佣领导一系列重要的研究项目并为政务会提供"Goli 2010"的报告。不幸的是，由于正处于新的单一城市的选举之中，这就意味着新选出的政务会与最初推动这一项目的政务会有着不同的人员组成和利益考虑；而最终收到报告的将是新一届的政务会，在这种情况下，这一最后报告的结果也就可想而知了。Monitor 经宣称为政务会定义发展远景（主要是基于经济发展和满足基础设施服务的一系列选项的组合）。最终的决策权还是来自省一级的政务会，正如他们看到的一样，作为顾问，他们只是为制定城市战略远景去建立可供选择的选项，但并没有战略上的决策权。因此，尽管有巨大的投入，Monitor 2010 的文献仍然不能提供一个未来发展的清晰模式，同时，Monitor顾问团关于在市政的决策下实现发展与贫困相互平衡的主张由于不明确也不被考虑。顾问团在明确发展方向上的失败，造成了2000年12月新选出的政务会对其的失望与不信任。

在Monitor的研究中，"Goli 2010"的范围较"约翰内斯堡2030"而言更为广阔。"约翰内斯堡2030"则是一个较为集中的战略性文献，它强调的是经济发展作为增加就业、居民收入和市政税收的基础对于一个城市的长期重要性。然而，在"约翰内斯堡2030"起草和准备的过程中，对于城市发展战略中参与性的假设却被推翻了。这就是说，当政务会做出应该优先发展事务的政策选择时，不会出现在城市内外两个方面进行咨询和商议的倾向了。这种转变在集权与降低城市未来发展模糊性方面是必要的，从而出现了在政务会内部和主导非洲国民大会的政党的权力平衡中完成政策抉择过程的局面。

强调"投递"社会服务、重视艾滋病危机和确保让城市中的贫困居民享受到经济发展带来的成果，在"约翰内斯堡2030"最终文献的整合过程中，当地政府的正式民主制度扮演了重要的角色，尽管这些事务在预定的发展政策中呈现出大量的附加物，而且仅仅在准备文献的细节时才进行相关的协商与谈判。这个文献中最有可能持续的危机来自官员对于"半城市"地区的监管责任，特别是在那些社会服务的供给是首要着眼点的贫困地区。

"约翰内斯堡2030"因此可能设立一个方向和一个框架。在这个方向与框架内，它所希望的主张将提供导向型线性功能以跨越政务会完成对经济增长的支持。然而，有一点是被认同的：文献虽然被政务会的政策所采用，但是，未来它需要不断被修改，以赢得更多的政务会委员和政府官员的支持。更有甚者，在对这一决策过程的采纳中，关于"不作为"事件的排列也显而易见。面临选举的政务会议事厅政策的变化，市长对更为普遍的议事日程的坚持以及对"约翰内斯堡2030"一系列重要事件中的个别放弃也变得日趋重要了。

宏观上，参与性难以发挥效应，同时也难以持续，需要被作为一个当地政策动态变化的因素，而不是仅仅作为协商城市未来发展愿景的单一型解决模式来实现最根本的目标。从约翰内斯堡的案例可以看出，选举出的代表和政府官员代表了城市中不同群体的利益，其与推动经济增长的最初原动力一起去保证利益重新分配的结果。

（二）扶贫和经济增长

正如许多发展中国家的城市一样，在约翰内斯堡，全球化商业竞争与极端的贫困和不公正之间的碰撞对市政当局提出了强烈的挑战。其不仅要安置大量的服务供给与基础设施缓解贫困问题，而且要精确完成经济发展的政策。在许多方面，发展中城市经济和社会的差异性向标准的经济增长理论提出了挑战，同时将城市经济增长的分析融入了与一系列发展主义实际与忧虑的对话中去。尤其值得一提的是，这些城市都集中注意一个敏感的形式，这也是市政当局处处面临的一个永久性问题：在城市发展与城市贫困人口之间的谈判和权衡。在南非，扶贫与城市服务的设立和储备，对众多贫困黑人支持的致力于打破种族间不平等的后种族主义政府有着强烈的政治意义。但是，这已经在强烈鼓励当地政府完成和实现一系列国内国际政策,为经济增长创造条件。

在约翰内斯堡的城市发展战略过程中,我们集中讨论两个文献:Monitor 顾问组的报告(将约翰内斯堡建设成世界型城市的战略走向)和"约翰内斯堡 2030"战略文献。这两个文献都已经被广泛地传播,同时在约翰内斯堡,甚至在整个南非的政务会实践活动与政策的循环上都有着一定的影响。我们同时在市政当局内部提出了一些重要执行的前景,主要是定义如何缓解经济增长和扶贫之间的紧张关系。

在 Monitor 的文献中,一系列为国际咨询机构所使用的分析资源被全部展开(这些资源通常已经被应用到城市别的地方)。举个例子,由 Durban 所提出的报告几乎在同一时间使用了相同的语言和图表。他们宣称城市发展战略过程被建立在将把城市的服务投递功能与一个自觉地创造促进经济增长环境的新角色整合在一起的猜想上。值得警惕的是,政务会没有尝试和选择其他机构的能力。他们提出了一个预测:基础设施供给的基本功能是必要的,但是没有足够的条件成为一个"Winning 城市"。从政务会的文献——"Goli 2010"的远景过程与客户需求的调查活动中可以看出,他们明确地表达出了约翰内斯堡的远景:通过针对所有市民的经济增长,依靠提升城市的繁荣和市民的生活质量来使约翰内斯堡成为一个"世界型的城市"。然而,在 20 世纪 90 年代早期,约翰内斯堡中心区经济活动的缓慢增长显示出城市的一系列需求并没有得到满足;同时,伴随着高新技术区域的高速发展,其增长的形式并没有为大多数人带来就业机会。

报告在评估实体和公司针对竞争对手所拥有的吸引力程度的基础上,使用了一个简单的分析框架,随后便集中强调最能够满足高速发展的部分,而这一部分又是围绕提高生活质量标准的需求而展开的。这些部分反过来又被归属在以高技术劳动力聚集为主的高速发展的范畴之列。他们建议政务会对新出现的知识经济给予支持,同时支持向高产值的制造业转移,以实现服务产业部分可持续的发展。然而,他们也提倡快速发展非正式产业与日趋衰落的工业产业以提供更多的就业机会。为向贫困的社区倾斜高速发展部分的收益,他们推荐通过工作培训和发展教育解决工人技术能力相对低下的问题。

由于对全球化竞争的关注与一系列"引资"活动(主要表现在对高技术和低雇佣经济活动的优惠上)的标准与规范,Monitor 报告将服务的供给作为实现世界型城市的一个基本平台整合在一起。服务的供给、非正式的产业和基础设施的发展都为整个城市的竞争力,同时也为实现"通过授权的人类发展"更为广泛的目标做出了贡献。然而,在讨论是为较高档次的全球性竞争公司提供 IT(信息技术)基础设施,还是提供诸如公共交通与排水系统等较为简单和廉价的基础服务设施的时候,在优先考虑的重点上出现了尖锐的矛盾,然而政务会没有采纳这一文献。随着 2000 年年初新一届政务会的产生,他们开始着手准备"约翰内斯堡 2030"战略文献。

尽管存在着细微的差别,然而,"约翰内斯堡 2030"的服务供给和基础设施发展的撰写者都与经济增长保持着密切的联系。尽管在人类的发展中抱负和志向是一种提升,但是,战略要建立在通过经济增长才能够实现的前提之上。作为"Goli 2010"的一部分,客户调查显示,城市最贫困人口对创造就业机会有着强烈的兴趣与渴望。因此,报告建议加强关于推动经济增长部分的阐述。基础设施和社会服务的供给,以它对经济的影响与可能成为推动经济增长方式的探索被写进报告。

从整体上来看，城市的基础设施被看作"都市化经济"的贡献因素。城市供应服务和基础设施，具备提高组织性与流动性的聚集型广义效率。在发展机构和经济增长之间的第二层联系是"区位经济"，即在某一区域内，能够通过具有选择性和目的性的干预实现集约化和专业化，包括同特定的基础设施发展并列的数据分析与部分的协调规划。在约翰内斯堡，一个主要的例子是在城市的北部郊区金融与商业服务的聚集，这是一个拥挤和迫切需要更新基础设施的地方，它也是以前城市中最富有的白人的聚集区。处于争议之中的是，随后的一个发展预算在考虑基础设施投资的时候，将城市北部这块最富裕区域凌驾于包括索韦托在内的人口稠密、拥挤和服务设施大量缺乏的城市南部地区之上。

在约翰内斯堡城市发展期间产生的两个战略文献在服务与基础设施的供给和经济增长之间的建设性关系上探索出了一个范围。对理论研究者而言，约翰内斯堡面临的一系列挑战可能会促使我们回到一些关于基础的城市聚合经济和基础设施与经济增长之间如何相互关联的旧的分析和思考上去。这就是暗示服务供给与经济增长可能被相同的投资推动着。同理，在全城领域而不是仅仅局限在商业资源已经十分充裕地区的投资鼓励，对重新审视近年来关于大城市推动经济增长的服务供给的建议是十分重要的。这对于像约翰内斯堡这样面临大量的制造业衰落和拥有大量处于非正式经济活动状态区域的发展中城市而言尤其重要。

尽管"约翰内斯堡2030"的文献解决了这些问题，然而在实践上它已经没有其他抱负了。在广义的城市经济与再分配式的城市发展之间的相互联系在研究、执行和预算的世俗巡回中被继续探索，近来更倾向于在经济增长与更为均衡的社会服务供给之间进行整合。①

二、约翰内斯堡大都市治理的特征

（一）积极主动地吸收穷人

约翰内斯堡断言，它不会成为那些拒绝为脆弱和遭排斥的穷人做准备的城市之一。根据短视的理解，任何吸收深陷贫困者的有意义的努力都可能"导致更多的穷人来到城市"，这将阻碍当前居民取得重大发展进步。它当然不可能独自承受安置国家中的所有穷人这一负担，但约翰内斯堡承认，假如它只是寄希望于穷人最终将迁移到其他地方去的话，它便不能有效规划或实现国家政府对它的期望了。因为，这座城市将着力于"积极主动地吸收穷人"进入城市。这里所指的"穷人"是一个一般范畴，包括仍未获得稳固住处的新家庭、新的内部移民与循环移民，以及那些居住在临时房、棚户区和早已形成的贫民区的人。"积极吸收"并非意味着想接收更多穷人，结果让他们住在棚户区，无依无靠——因为他们付不起交通费，不能利用服务或社会设施，并为勉强过活被迫从事非法活动。这些人没有被"吸收进城市"——他们在其边缘过着枯燥乏味的生

---

① 参见苏珊·帕奈尔、杰尼·罗宾逊、王晓晓等《从约翰内斯堡的城市发展战略来看城市发展与政策建议》，载《北京城市学院学报》2010年第2期，第14～20页。

活,绝对享受不到城市生活真正的机会和益处,这正是要加以解决的问题。而"积极主动地吸收穷人"意味着:①通过帮助他们获得社会补助,促进技术发展与基本就业机会,并且通过支持"自助"项目、处于起始阶段的微型企业和以社区为基础的合作性组织来使穷人得到基本生活保障。②通过实施累进税率结构、创新型交叉补贴与目标明确的社会一揽子计划,确保公众可以支付得起市政服务、公共交通和社会设施的费用。③接纳穷人,通过开展工作以确保他们可以找到并留住体面的成本最低的出租住房,而不必栖身于棚户区和市中心贫民区。④同化穷人,手段包括确保他们不是被置于城市边缘,而是可以在混合收入居住空间中找到居所;通过有意义的参与式治理在政治上赋予他们权利;通过使用运动、娱乐、艺术和文化等方式,使感受性社会排斥最小化,使他们感觉到他们是城市的一部分。

(二) 平衡和共享的增长

取消"第一"经济和"第二"经济之间的界限以及(除了其他手段之外,还包括)利用第一经济为第二经济提供开放机会可实现平衡和共享的增长。这明确说明了,使经济实现增长并不意味着我们需要实现一切增长。应通过使新进入市场者获得更多的就业、公平的薪酬与机会,从而在更广范围内共享增长。这种增长不依赖于廉价劳动力(由于被迫生活在恶劣环境中,其社会再生产成本被保持在最低值)的经济行为。这意味着需要稳定的增长,因为这一增长是基于一系列不同部门的,其中许多部门并不受国际商品循环的突发性变化影响。当然,的确需要一种有全球关联、通过增加价值和出口量带来更多收入的经济,但是,也需要一种认识到国内市场潜在能量并开展工作将其释放的经济。尤为重要的是,借以确保当前增长中的国内需求的模式,保持可持续性并转变为更大的国内投资来两面下注以防损失。

(三) 扶助社会流动和平等

探索一些帮助人们进入社会流动的条件和干预点可扶助社会流动和平等。其中可以包括:①通过使家庭对一些将在未来带来回报的计划和资产进行投资,使其摆脱贫困。国家中期战略框架主张,随着经济发展将更多的人吸收进正式经济部门,社会转移支付必须相应缩减。这是一种需要充分考虑的重要洞见。然而,实际上社会支持可能在某些人中形成依赖,但这些人可能会为其他人留出机动空间进行经济冒险。在这一方面,并且在其他方面也同样,社会发展是一种极为重要的经济发展战略。今日促进人的发展的措施培养了明日的技术工人、企业家与纳税人。②通过使新兴中产阶级和下层中产阶级能够消除新的费用负担并建立防备风险的储备,从而防止其陷入(返回到)贫困之中的措施,来帮助中产阶级顺利度过可能对消费模式产生冲击的脆弱期。特别要采取帮助家庭实现目前为死资本的一些资本所具有的价值的措施。对于约翰内斯堡,保证住房阶梯更有效地起作用是一种主要干预手段。住房在把人们吸收进城市的过程中发挥着关键性作用。

（四）可持续性和环境正义

约翰内斯堡通过预先考虑和设法应对环境变化的后果成为一个更加"可持续的城市"，同时，其认识到并努力限制了城市生产与消费过程对环境的影响。具体地说，这暗含着积极保护和扩大城市的"绿色资产"，开展在环境上更可持续的实践。这些实践不是从更重要的经济或社会发展支出中抽取资金来支持的可有可无的问题。最终，对环境资产与优质环境实践的投入将保护穷人不致遭受城市环境灾难、污染和与环境有关的公共健康危险的损失与风险。这些投入还可能为城市及其居民节约很多钱。那些拥有财产的人将在降低的服务和地方税费中感受到这种节约，因为这种节约就是在为吸收穷人与促进社会流动的努力做贡献。这些投入对消除种族隔离制对城市形态和结构的遗留影响也有极其重要的意义。当居民获得一揽子免费基本服务时，他们对有尊严的生活质量的需求便不会一劳永逸地得到满足。约翰内斯堡市认识到它必须注意促进"环境正义"，通过把绿色基础结构延伸到那些一直起着平淡无奇的郊外居住区作用的区域，来确保较贫困社会的生活质量的提高。

（五）创新型治理方案

这座城市充分理解当前和潜在的矛盾，并理解需要竭尽全力来应对这些矛盾。同时，也认识到这些方案实质上蕴含着要与公民、社区、企业、政府其他部门和其他感兴趣的利益相关者密切地开展工作。首先，改善参与式治理（除了更有效的选区代表以外）。这不仅因为南非宪法与法律规定其必须这样做，还因为参与式治理能使其更好地理解居民的需要，并将居民可能的和合适的期盼传递给他们。社区有意义地参与政府事务有助于优先考虑其稀缺资源，表达和缓解需求，与作为客户的居民确立账户往来关系，使这些居民可能更愿意为所消费的服务付款。其次，与企业和居民社会建立创新型的伙伴关系，以便可以协调这些行为者的活力与资源，使之结合起来以提高发展的影响。这意味着找到超越传统的公私界限的新方法。最后，这座城市一心想探索超越边界的、行政的和其他的新方法，这有利于提高发展的影响力和促进整个城市地区范围内更平衡的发展。这些边界造成了政府不同部门之间的人为割裂，并把该市与相邻的市分开。意识到其不能以牺牲相邻的城市区域为代价来促进和保持其自身的发展后，这座城市将加倍努力地工作，以实现建成豪华综合性城市地区的愿景。这并不意味着设法将这个省内的所有市合并成一个地方权力机构，而是说，为实现这个城市地区范围内的公民、家庭、社区、企业和其他利益相关者之间的互惠，要与其他那些对具有独特自身结构但职责相互关联的城市区域负责的市更加紧密地合作。①

---

① 参见周振华《2030年的城市发展全球趋势与战略规划》，郭爱军、王贻志、王汉栋等编译，格致出版社、上海人民出版社2012年版，第153页。

第三节 肯尼亚内罗毕的大都市治理

内罗毕是非洲的一个重要城市，也是非洲一个发展很典型的城市。作为肯尼亚首都，是全国的经济文化中心，同时，它也是非洲重要的交通枢纽，横跨非洲的航空线就经过内罗毕。此外，内罗毕也是非洲的一个行政中心，联合国人居署与环境署的总部就设在内罗毕。其城市的发展体现出了非洲城市发展的典型特点。在过去的 30 年中，非洲的城市发展速度是世界七大洲中最快的。[1] 非洲城市的人口增长率全球最高且城市人口高度集中，人口年轻化显著。在 1960 年有 20% 的非洲人居住在城市，到 2007 年城市人口占总人口的 38%；[2] 非洲的城市人口预计在 2000—2030 年间将增长 152%（从 2.94 亿增长到 7.42 亿），城市人口增速全球最高。内罗毕的城市人口从 1970 年的 50 万增长到 1989 年的 132 万以及 2009 年的 314 万。肯尼亚 1989—2000 年城市人口年增长率约为 7.1%，是非洲平均人口增长率的 1.6 倍，是世界平均增长率的 2.7 倍。[3] 由于城市化速度过快，内罗毕出现了一系列非洲城市发展过程中典型的城市问题。这些问题主要包括大量移民的涌入，基础设施的发展滞后，环境的恶化和难以控制的贫民窟问题。在内罗毕，有 60%～70% 的人居住在贫民窟，而内罗毕距离市中心 5 千米的地方便是非洲人口密度最大的也是非洲地区第二大的基贝拉贫民窟。

城市是一个国家发展的标志，通过研究内罗毕的城市扩展可以了解肯尼亚乃至整个非洲地区的国家经济发展及其对外界的影响，对了解非洲社会发展有重要的意义。

一、内罗毕的大都市治理观察

（一）早期内罗毕城市发展困境

根据科里尔和拉尔的研究（1996 年），20 世纪 70 年代中期，城市贫困现象微乎其微，内罗毕只有 2.9% 的家庭生活在贫困线以下。但在 20 世纪 80 年代和 90 年代，情况发生了巨大变化，这主要由以下三个相互关联的因素造成：①人口自然增长率高。农村人口向城市流动加快，使人口急剧增加（80 年代内罗毕人口增长率达 5.1%）。②尚未结束的经济衰退。自 1980 年以来经济增长率急剧下降（从 1978—1981 年的平均 5% 降为 1990—1991 年的 2.2%）。③结构调整政策的影响。减少政府开支、增加税赋、贬值货币、提高农产品实际生产者价格等措施，都使肯尼亚人特别是贫民生活费用更为昂贵。其结果便是城市贫民等脆弱群体越来越处于边缘化境地。

已进行的调查与研究提到了城市贫民努力量入为出的种种办法，他们大部分人没有固定工作，主要依赖临时工作，非正规的小型商业活动十分普遍（包括行乞、偷窃、非

---

[1] Joy S. Clancy. Urban ecolobical footprints in Africa. African journal of Ecology, 2008 (4): 463-470.
[2] UN Population Fund (2007) State of the World Population Report 2012-11-16, http://www.un.org/esa/population/publications/WUP2005/2005WUP_FS 8.pdf.
[3] R. E. Stren, R. R. White. African Cities in Crises: Managing Rapid Urban Growth. West View Press, 1988.

法酿造含酒精饮料、卖淫等）。相当多的人转而在城市里离自己居住地最近的地方种田。内罗毕市内种田的现象随处可见，自家后院、公路铁路沿线、河边乃至公园和工业区内，甚至在中心商业区的最繁华地带及邮政总局背后与天主教堂之间也发现了耕地。1996年7月，内罗毕火车站附近铁轨之间的玉米茁壮成长，这些玉米地中有些面积只有几平方米大。一般来说，城市建成区内现有的这些田地是由城市贫民耕种的。由于这些贫民居住在人口十分稠密的区域（很多家庭只有一间租来的房间），他们的田地通常位于另外一处较远的地方。科洛格乔贫民区内种田的居民的田地都在公路沿线和内罗毕河岸上，从居住区到田地大部分要走半个小时。他们耕作的土地大多是公有土地或公司、个人用来开发或准备售出的土地。因此，对他们来讲，能否找到田地极不确定，这也是城市农民面临的最大难题之一。通过1985年的普查发现，内罗毕市有22%的家庭表示在市里有土地，20%的家庭种有农作物，这表明当时内罗毕市大约有75000户家庭在城里土地上种有农作物。而且，内罗毕7%的家庭在城里养有家禽。这些家庭当中有一半属于极低收入人群。尽管各社会经济阶层的家庭都从事城区农业，但贫困家庭所占比例更大。1994年在科洛格乔进行的研究证实了这一点。该研究表明，有30%的家庭可归入城市农民的行列。

内罗毕市的农民中大多数是妇女，这反映了撒哈拉以南非洲国家的普遍情况，特别是在低收入农民当中，女性主家的家庭所占比例较高。对于众多贫困妇女来说，家中有嗷嗷待哺的子女却无成年男子，种田是万不得已的唯一出路。在内罗毕市，种田与否既与在城里居住时间长短有关，也取决于个人的关系网络。虽然绝大多数农民并不是土生土长的内罗毕人，但大多已在该市居住了相当长的时间。这也反驳了直到最近仍相当盛行的一种观点，即城区农民都是从农村地区新近流动过来的，他们在适应城市生活方式之前仅仅是在城市环境中继续其原有的生活方式。事实上，越来越明显地证实了流动到城市里的人并不是要在此务农，而是要找一份正式工作。很多人找工作不成，便想方设法找一块地种粮食。但是，要得到一块土地，必须先在城里安顿下来。所谓"安顿下来"是指建立了适当的个人关系网络，通过这一网络可以得到土地。

所以，我们在内罗毕市，随处可见家畜。大部分养殖动物的人是在科洛格乔和潘瓦尼/依斯特雷贫民区。种田的家庭中有一半养了家畜，但总的来说，家畜养殖并不十分重要，主要障碍就是缺少场地。就整个内罗毕市来讲，这些低收入区最通常是在棚、笼里养鸡养兔。弗里曼称，种植行为在很大程度上是很基础性的、传统的和保守的，依赖手工劳动，只使用一些简单、廉价的农具。劳作主要由妇女来承担，收获的农作物大部分是农民用来解决自己的温饱的。在所有调查中，从事种田的主要动机受财力所限都只不过是"饥饿"或"需要粮食"。科洛格乔的农民有1/4说在进行调查前的3年中最主要的粮食来源是他们在城里收获的农作物。至于从事城区农业的原因，经常提及的既有对粮食绝对量的需要，也有粮食构成方面的考虑。这就解释了为什么像sukuma wiki（东非甘蓝）这样的作物如此受欢迎。同时，农民还出售一部分蔬菜，其他不种田的人，也可从中受益。但是，因为内罗毕市经常面临着降雨有可能太少（甚至会出现干旱）、太多（洪灾），或者需要降雨的季节没有下足，以及土质的问题，在科洛格乔和潘瓦尼依斯特雷贫民区，有一半以上的农民抱怨虫害与病害使其农作物产量减少，这就造成了城区偷窃情况严重恶化。香蕉、芋头和玉米是偷窃者的头号目标,因为这些作物拿到市场上即可出售。

内罗毕市城区农民的法律地位仍不明晰。根据现行的《地方政府法》,"允许或限制城区农业的存在由地方当局制定的地方法规决定。内罗毕市的地方法规则只禁止在市政当局维护的公共街道上耕种"。但内罗毕市市政厅卫生执行官称,由于种植农作物会造成蚊子滋生,而玉米等高秆作物据说又容易藏匿罪犯,因此,城区内不允许种植农作物。所以,在城区界内耕作是违法的,故而不时发生骚扰农民的事件。市政厅似乎已意识到城区农业在目前阶段难以避免。如弗里曼所指出的,"只要造成城区急速扩张的内在因素未得以化解,城市贫民艰难生活的现实就会使政府禁止或惩罚城区农业等现象的尝试变得苍白无力"。不过,还没有一项对城区农业有利的政策或地方法规出台。[①]

撒哈拉以南非洲国家的城市贫困是一个难以对付的问题,仅城市贫民的数量之多就给各城市当局带来了近乎无望解决的课题。在非洲很多城市,贫困人口占总人口的一半以上,他们居住的区域几乎什么都缺。道路、供水、电力等最起码的基础设施,医疗机构、学校、垃圾清运等基本服务,就业机会,像样的住房,等等。地方当局首先要采取的步骤只不过是承认这些人已经并且将继续在此生活下去,若地方当局不能承认这些人是城市永久居民,所采取的任何行动都不可能奏效。就内罗毕市来说,在法律上,亦即根据市政厅的政策,城市贫民几乎不存在。官方的内罗毕市地图上,并未标出规划以外的居民区(或贫民区),也没有专门制定旨在改善城市贫民营养状况的计划。贫民被忽视,饥荒救济更是无人理会。因此,迈出第一步的应当是市政当局,首先承认贫民区的居民是城市生活一部分的现实,其次是制定改善这些人生活状况的政策,而城区农业应当是此类政策的一部分。

(二) 内罗毕智慧城市的构建

在2015年的时候,内罗毕入选成为 ICF(智慧城市论坛)全球智慧城市 TOP 21 唯一的非洲城市,其创新主要集中在移动支付、智慧交通和灾难救援。

1. 移动支付

M-Pesa 是 2007 年英国移动运营商沃达丰与肯尼亚电信公司 Safaricom 联合推出的移动支付项目。M 是指 Mobile,Pesa 在斯瓦希里语(Swahili)中是钱的意思,M-Pesa 便是"移动钱包"。在这样一个很少有人持信用卡或能够获得银行服务的国家,M-Pesa 促成了前所未有的金融变革。2007 年,M-Pesa 移动支付系统作为一个 P2P(点对点)交易平台在肯尼亚正式投入使用。研发者英国移动运营商沃达丰的最初设想是希望农村妇女可以使用该系统进行小额信贷,但肯尼亚人后来也逐渐意识到 M-Pesa 可被用于用户之间的小额转账,用户能够通过这个应用进行汇款、追加费用和支付账单的操作。经过 8 年的发展,肯尼亚境内有 8 万个 M-Pesa 代理商,雇了上千名员工,内罗毕街边随处可见这些代理商。M-Pesa 的服务范围目前已扩展到了购物、医疗、教育、交通、酒店等

[①] 参见迪科·弗肯《以城区农业应对城市贫困——内罗毕个案研究》,载《西亚非洲》1999 年第 6 期,第 54~58、77 页。

现代生活的方方面面。肯尼亚民众90%的生活费用，如水费、电费等都是通过M-Pesa进行支付的。除此之外，肯尼亚政府还通过这一系统开展电子办公，如更新驾照、护照申请与其他服务等。目前，有74%的肯尼亚成年人都在使用M-Pesa收付款，这个系统上流动着肯尼亚约43%的GDP（国内生产总值）。M-Pesa的成功将肯尼亚全国的手机占有量扩大到了近70%，也带来了巨大的经济收益。2013年，其带来的利润占Safaricom公司总收入的18%，占肯尼亚国家GDP的两位数。M-Pesa移动支付系统能够最先在肯尼亚落地生根有其必然性。首先，肯尼亚银行系统不发达，在M-Pesa推出之际，肯尼亚每10万人仅拥有1.5个银行网点、1个ATM取款机。其次，肯尼亚最大的移动运营商Safaricom在肯尼亚手机市场占据垄断地位，其用户人数占肯尼亚人口总数的37%，它与沃达丰合作推广M-Pesa的优势显而易见。再次，大量生活在海外及大城市的肯尼亚人要向家里寄钱，这对M-Pesa来说是最大的商机。传统汇款转账方式（比如银行汇款）手续费很高，而在M-Pesa推广初期，Safaricom"把钱寄回家"这一简洁直白的广告语直截了当地回应了市场需求。最后，2007年肯尼亚遭遇选举骚乱，在2008年骚乱还未平息之际，M-Pesa被非政府组织广泛用于向被困在贫民窟的人们提供救助。当时银行纠缠在权力纷争中，人们觉得M-Pesa账户比银行账户更加安全方便。

在M-Pesa这一"杀手级"应用的催化作用之下，肯尼亚直接跳过固网而发展移动网络，跳过银行而由电信公司发展支付系统，形成了独特的互联网生态环境。已经有众多应用程序在M-Pesa的基础上进行功能的进一步拓展，比如，帮助消费者跟踪付款记录的PesaPal和让企业也能够接受移动支付的KopoKopo等。移动支付系统在肯尼亚的迅速增长既体现了非洲的创新精神，也是非洲发展置换成本较低的体现。M-Pesa的成功经验使其他国家与地区开始大胆践行这一模式。目前，M-Pesa已在坦桑尼亚、阿富汗、印度和一些东欧国家得到了很好的复制与推广。

2. 智慧交通

2013年11月，位于内罗毕的IBM非洲实验室（IBM Research-Africa）发布了一款名叫Twende Twende的移动应用，帮助内罗毕的居民避开交通拥堵。Twende Twende在斯瓦希里语中的意思是"出发"（Let's go），它依赖于一个中心系统推荐路线。该中心系统使用图像识别算法处理交通流量摄像机源的图像，然后使用另一个算法预测摄像机没有覆盖到的地区的交通情况，用户可通过短信获取推荐行驶路线。IBM东非公司的销售总监Amit Dave在一次智能计算峰会上演讲时表示，Twende Twende旨在利用云计算平台实验处理内罗毕交通问题的新方法，以前所未有的低成本尝试新的创收理念。在智慧城市的建设中不一定都需要用到顶尖的技术，更智能的计算是构建IT基础设施的一个新方法。2014年1月，内罗毕政府实施了数字"马拉途"项目。"马拉途"（Matatu）指的是当地最大众化的交通工具——小巴。这种小巴属于非政府行为的私营公共交通，因此，使得政府对公交系统的监管力不从心。数字"马拉途"系统将内罗毕市主要的120条私营小巴线路以及6条政府公交路线进行了数据可视化处理。将每一条公交线路的运行路线、票价和停靠站给予了明确标注，不仅使市民可以根据地图提供的数据信息快速准确地确定自己的行程路线，同时，也有利于政府对公交系统的运营进行有效的管理、对城市公交系统的发展做出合理规划。随着数字"马拉途"项目的正式实施，内罗毕混乱的公交系统管理状况得到了有效的改善。

3. 灾难救援

手机在非洲不仅可以帮助病人、农民和商人，还能在灾难与战争中拯救生命，这方面最好的例子是肯尼亚内罗毕创业公司开发的平台"Ushahidi"。Ushahidi 是斯瓦希里语，意思是"见证"。该平台允许受害者、目击者和救援人员上传灾难发生的时间、地点与内容等信息，形成灾难地图。这不仅能够反映危机的全貌，还能让援助团队联系到受害者和目击者，从而挽救更多的生命。2007 年年底，肯尼亚举行总统选举，选举中的争议让肯尼亚陷入动荡，一场让 50 万人流离失所、1500 人失去生命的骚乱开始了。仅几个小时，首都内罗毕的恩贡路就变成了战场。为了制止暴力，一些懂技术的新闻工作者创建了 Ushahidi 网站，供人们利用地图标注的方法实时通报暴力事件。"5 年内最重要的发展就是手机和互联网开始渗透进非洲。"Ushahidi 联合创始人道迪告诉法新社，"社交网站的崛起很明显，特别是在肯尼亚"，这为 Ushahidi 的快速发展奠定了坚实的基础。目前，使用开放原始码与云端技术的 Ushahidi 可以自动采集用户通过短信、电子邮件、Facebook、Twitter、YouTube 和 Flickr 提交的文本文件、照片与音视频信息并推送到服务器上，由服务器对信息进行分类，使用新闻和其他在线信息进行交叉核对并确定真伪。几分钟后，甄别完毕的信息就会被贴到网页上，化身为地图上的一个个彩色圆点，点击这些小圆点就可以阅读该地点发生的事件的报告。目前，Ushahidi 有大约 4.5 万张灾难地图，人权活动人士、联合国和世界各地的紧急医疗服务机构都能够使用它标注通报自然灾害、疾病与社会动乱等事件，这种众包式的危机地图在世界各地的救灾工作中发挥了重要作用。2010 年俄罗斯发生森林野火期间，Ushahidi 的软件平台创建了一个地图，便于志愿者与受灾民众取得联系。2011 年新西兰发生地震，Ushahidi 很快建立了基督城复生地图（Christchurch Recovery Map）。2011 年秋，半岛电视台播音员用它绘制土耳其地震破坏图。台风"海燕"来袭后，海德堡大学的科学家用它绘制了菲律宾受到破坏的详图。就在最近，Ushahidi 还在印度尼西亚雅加达的洪水、叙利亚冲突中的强奸和柬埔寨针对妇女的暴力行为等事件中发挥作用。此外，Ushahidi 也促进了一系列社会、政治与环境问题工作的开展。在印度和苏丹，修改后的 Ushahidi 被用来监督选举中的舞弊行为。在非洲，它被用来披露医药短缺的情况。在华盛顿，《华盛顿邮报》建立了一个地图网站，标示了道路拥堵的情况，以及可用的扫雪机和鼓风机的位置。目前，Ushahidi 的地图跟踪概念已被超过 150 个国家使用。[①]

二、内罗毕大都市治理的特征

相较于非洲其他主要城市，内罗毕的城市化速度较快。内罗毕城市扩展的因素主要是社会和环境的影响，具体因素如下。

（一）对女性参与权给予肯定

肯尼亚在《内罗毕战略》中明确要求政府和政党应该加强努力，促进并确保妇女

---

① 参见乔睿、李晓春《肯尼亚——内罗毕：非洲国家如何实现跨越式发展》，载《智能建筑与智慧市》2017 年第 1 期，第 36～39 页。

平等地参加国家与地方的立法机构。在任命、选举和提升妇女担任行政、立法与司法等部门的高级职务方面取得平等机会。要求国家的规划机构雇佣更多妇女,重视吸收更多妇女从事政府外交工作并参加决策。

(二)政府政策与城市化速度关系密切

在内罗毕尚未终止经济衰退时,政府又出台了相关政策的机构调整。从而,一些特殊政策导致了一些土地利用类型的转换。如内罗毕的乌莫加区,因为政府实行大面积的私有土地制度,使这里的房屋出租业得到了蓬勃发展,因而建起了大片建筑。东部的丹罗拉废水处理厂的建立使周围大量的荒草地变成了建成区。减少政府开支、增加税赋、贬值货币、提高农产品实际生产者价格等措施,都使内罗毕的贫民要支付更加昂贵的生活花销,导致这些脆弱群体越来越处于边缘化的境地。

(三)便利的道路交通

内罗毕城市的诞生是由于它是肯尼亚—乌干达铁路的重要枢纽。内罗毕市是肯尼亚交通网络的中心,有很多道路延伸到内罗毕以外的地区。城市重要的交通路线也成为城市面积扩展的一个重要因素,城市面积的扩展方向主要是沿着道路往两端延伸的。① 加上大数据时代的到来,内罗毕很好地抓住了时机,掌握了这方面的技术,构建了智慧城市的数字"马拉途"系统,让内罗毕混乱的公交系统管理状况得到了有效的改善。

第四节 非洲国家大都市治理的经验归纳

尽管非洲城市的发展存在种种问题,面临着极大的挑战,但城市毕竟会给人带来希望。进入21世纪以来,在新兴大国与非洲合作的推动下,非洲经济好转,国际地位提升,在这样的背景下,非洲城市化也蕴藏着无限机遇。城市化为非洲经济的进一步发展储备了大量廉价劳动力,为非洲的生产消费提供了巨大的商机,也为推动地价上涨和加速财富积累提供了必要的基础,等等。利用合理的城市管理、运作,把握这些机遇、解决城市面临的难题、为城市注入新的活力是未来非洲城市化的重要课程。

一、积极发展中小城市和卫星城市,分散大城市职能

针对过度城市化出现的问题,非洲很多国家已经认识到城镇人口高速增长给国家发展带来了很多负面影响,正试图努力改变人口地域性膨胀的现状。像开罗、约翰内斯堡、内罗毕已经在对国内人口的空间布局进行调整,控制总人口和城镇人口的增长速度,促进城乡人口的合理均衡分配,逐步形成大、中、小结合,多层次发展的综合模式。对发展中国家来说,大城市的发展需要大量资金,对劳动力的要求较高;相比之下,中小城市的发展则具有需要资金少、发展迅速且农村人口的进入门槛低的特点,因

---

① 参见焦文哲、刘荣高、葛全胜《非洲内罗毕城市变化的遥感监测与驱动因子分析》,载《资源科学》2013年第4期,第885～891页。

此，发展中小城市对缓解大城市的内部矛盾有着不可忽视的作用。例如，肯尼亚为了带动周边经济的发展，就在不同地区选择了多个城镇作为经济发展中心，帮助分散首都的职能，从而达到分散人口的目的。以及埃及的开罗，在郊外修建卫星城，以吸引城市中心过剩的人口，从而降低城市中心的人口密度。① 城市病是世界各国面临的共同难题，不仅存在于发达国家城市化进程中，发展中国家因其自身落后等原因，面临着更为严峻的问题。所以，在城市建设中应该做到"控制大城市规模，合理发展中等城市，积极发展小城市"的合理规划，实现大、中、小城市协调发展。

二、调整城市经济结构，合理分配农业在经济中的比重

我们要知道，农业基础是城市化模式和道路的关键决定因素之一。农业现代化与城市化之间应该是一种相互促进的良性互动关系，而不是厚此薄彼。开罗、约翰内斯堡、内罗毕都是农业人口众多的发展中国家的城市，解决好"三农问题"是这些国家城市化健康发展的关键。人们过早走出农村而无序地涌入城市，在缺乏充足城市就业岗位的情况下，是导致城市人口爆炸、贫困加剧、保障不力、国民购买力低下的重要因素。城市化并不仅仅意味着单一孤立地发展首都城市或者大城市，而是要统筹城乡发展。在建设好各类城市，为农村人口进城创造条件的同时，还要加快农村建设的步伐，缩小城乡之间的差距，消除"二元结构"，使农村生活水平向城市靠近而不是远离。所以，我们在中国城市化发展上，应该多重视农业、农民、农村的作用，避免农村人口过度向城市集中而导致农村、农业空心化，防止农村在大都市化道路中日益陷入贫困，并最终导致城市的贫困与危机。

三、注重城市基础设施的建设，改善城市人居环境

城市基础设施是城市发展的基础和动力，其建设规模大小、运行状况好坏、绩效水平优劣直接影响到城市经济与社会的发展。城市基础设施的重要性的论证有很多，但在实践中被决策部门接受的却甚少。无论是发达国家还是发展中国家，经济发展过程中无不重视基础设施的规划与建设。从社会发展的角度看，因为非洲城市化过程中基础设施的严重匮乏，使城市的发展受到了极大的制约，所以，完善基础设施、改善城市人居环境是城市化发展过程中亟待解决的事情，而且很多非洲国家也都已经意识到了这一点并已经做了相关的工作。如埃及政府在2006年的工作报告中确定了七项工作重点，其中包括重视提供就业机会，改善就业状况，加强各领域投资，鼓励私营企业参与基础设施建设，增加公民家庭收入，提高教育、卫生、交通、住房水平，等等。

四、发挥参与式城市规划在城市发展中的作用

中央政府持续性的过度管制以及对中央当局习惯性的依赖，阻碍了地方官员与市民建立以绩效为基础的契约和责任机制。中央对交付给地方的权力过分干涉，例如，关税的设定、不可预期的资源转移，这些项目与更全面的计划脱节，也不听取地方意见，使

---

① 参见车效梅、张亚云《开罗都市进程中的人口问题》，载《西亚非洲》2009年第5期，第51～58页。

得地方政府拥有资本的比例很低，阻碍了地方政府做出中期计划并予以执行。同时，快速的城市化加重了开罗、约翰内斯堡、内罗毕的社会不平等，贫民面对的是国际房地产资本家、政治家以及新兴城市中产阶级组成的强势群体，在此过程中，城市贫民失去的可能不仅是土地，还有政治权利。如开罗靠食物换取选票选举出来的政府不可能真正听取贫民的利益诉求。所以，国家的城市官员或其他的地方官员的选举需要构建公开、透明的框架，开展参与性规划，让城市中更多的群众发声，而不是势力群体。这种机制才是城市市民真正需要的，而不是扭曲了资源配置使其过度集中在中央，而中央政府并不直接对普通公民负责。

第五章　大洋洲国家大都市治理的特征及其经验

第一节　澳大利亚悉尼的大都市治理

悉尼位于澳大利亚东南海岸，是新南威尔士州的首府；它不仅是澳大利亚最大、最古老、最繁华的城市，同时也是澳大利亚重要的制造业、商业、金融、文化和旅游中心。随着2000年悉尼奥运会的圆满成功，悉尼已成为知名的国际大都市之一。悉尼作为城市始建于1788年，以首批英国殖民者登陆悉尼为开端。"二战"后，悉尼成为大量欧洲、中东、东南亚移民澳大利亚的首选之地。随着城市规模的扩大，"悉尼"一词被赋予不同空间尺度的含义（见表5-1）。

表5-1　"悉尼"的空间范围界定

名称	含　义	面积（平方千米）	人口（万人）
悉尼中心	中心商业区	6	2
悉尼城	2004年悉尼中心与南悉尼合并后，由悉尼市议会管理的地理区域	26.15	16
内悉尼	悉尼城与邻接的10个地方政府，由当地议会管理不同区域，属非行政区划的悉尼	1687	—
悉尼大都市区	包括悉尼城和附近的43个小城市	12145	420

悉尼市政府（City of Sydney）管辖的区域，是悉尼大都市区（Sydney Metropolitan Region）43个地方政府辖区之一。它集中了悉尼大都市区及所在的新南威尔士州的诸多最重要功能。悉尼城市中心区是澳大利亚的门户及金融和商务中心，在经济、社会与文化等方面占绝对领先优势。中心区在整个悉尼大都市区中不仅拥有更优化的人口结构、更多元的文化背景，而且创造出占澳大利亚8%的国内生产总值和悉尼大都市区20%的就业机会。此外，中心区内还坐落有各类政府机构、文化及旅游设施，拥有大规模的中央商务区，并因此在全球经济中占据一席之地。

在气候暖化与全球一体化的大背景下，悉尼市中心区未来的发展也遇到不少挑战。第一，已有的和即将出现的各种发展矛盾。中心区内急剧增加的居住人口和就业岗位，意味着城市建设用地、基础设施与服务行业需同步增长。这些都可能使多种功能聚集的城市中心不堪重负。第二，经济发展面临着来自澳大利亚本土及国际城市的激烈竞争。第三，城市文化与品质亟待延续和提高。文化及教育机构对所在地区或周边地区的影响非常有限，而中心区内高涨的房价使社会单一化、同质化的现象开始蔓延。第四，以汽车为主导的出行方式，在活动密集的城市中使各种社会和环境成本大大增加，而且弱化了城市的功能。

一、悉尼的大都市治理观察

悉尼大都市区规划先后编制过六次，历次规划的主要内容如表5-2所示。最近的悉尼大都市区规划预测：2005—2030年悉尼将新增住宅64万套、工业用地75平方千米、商业用地680万平方米（建筑面积）及零售业用地370万平方米（建筑面积）。悉尼市政府将面临诸如住房供应、就业岗位、基础设施建设和服务等方面的压力。

表5-2 悉尼历次规划的主要内容

次序	编制时间	规划背景	规划思路
第一次	1948年	集中发展城市中心	城市建设集中在东部海湾，以200万人口进行规划，城市呈团状形态
第二次	1968年	大量移民涌入，东部海湾地区已难以容纳日益增长的人口	向西南方向沿交通走廊呈线型发展，城市用地呈指状形态
第三次	1988年	私人汽车的快速发展改变了居民的出行方式和居住选择，环境优美的郊区受到青睐	城市沿海岸线向北发展，并向西、南延伸，提出建设卫星城，形成一个城市中心，三个外围地区，规划人口500万
第四次	1995年	通勤时间增加，交通压力与基础设施投资需求上升	鼓励商业、工业园区在基础设施附近发展。鼓励居住区靠近就业区发展，并提出增加居住密度和建设混合用地
第五次	1999年	城市形态复杂，旧城环境恶化	优化城市形态，强调改善城市基础设施与地区规划，改善城市环境和旧城更新
第六次	2005年	人口与经济增长对城市空间提出挑战	保护环境，增强城市的经济竞争力，并同步启动了三个重大项目。即悉尼用水计划、西部悉尼公园地块和新城开发

（一）悉尼的中心区建设与码头区更新

悉尼是澳大利亚最大的一座城市，也是国际性大都市，人口数量超过500万。2000年9月，悉尼成功举办了奥运会，其优美的城市环境、发达的基础设施、便利的服务设施给世人留下了深刻的印象。而在建设完善悉尼中心区的过程中，《悉尼中心区发展规划》和《悉尼中心建设与规划管理图则》（以下简称《图则》）发挥了相当重要的作用。悉尼中心区是悉尼大都市区和全澳大利亚的金融贸易、商业零售、旅游观光、文化娱乐及政府活动的重要中心。《悉尼中心区发展规划》编制的目的是充分挖掘悉尼中心区的发展潜力，确保其充满活力，以保护中心区历史文化遗产、宜人的自然环境；维护并增强公共场所的品质，提高步行环境的质量，从而加强中心区多元文化与综合功能的发展。

1. 悉尼中心区建设与规划管理图则

1996年，悉尼规划委员会制定了《悉尼中心区建设与规划管理图则》，它的实施为促进悉尼中心的繁荣并保持特色发挥着重要的作用。《图则》从建筑形式、步行环境、环境管理、广告与建筑标识、建筑面积的获得和划拨等方面为悉尼中心的建设规定了相当具体的内容。在极具操作性的规定中处处体现了规划的"以人为本"的指导思想，以人为中心，创造宜人的生活、工作与休闲环境。在建筑形式和特色规定方面，《图则》鼓励高质量的建筑设计，并通过对新建筑形式与风格的一些规定来增强悉尼中心区的空间景观魅力。

（1）关于建筑沿街对齐。《图则》提出，建筑沿街对齐具有界定公共空间、强化视觉效果、提高道路空间感和安全性的作用，可以强化中心区街道及公共领域的作用、改善公共领域的品质。目前，悉尼中心区的新建筑大都沿街连续布置，在中心区内还留有较大面积且沿街开敞的用地，沿街建筑长度一般不超过街道长度的25%。

（2）关于临街建筑高度。为了提供舒适良好的行人活动及绿地生长环境，使街道具有良好的日照、通风及空间围合感，《图则》规定沿街建筑高度与街道宽度比例控制在1:1。一般来说，临街建筑高度约20米，最高不超过45米。

（3）关于临街建筑的活力。为给人们提供富有吸引力的公共领域，《图则》要求主要步行道以零售商业为主，设置步行导向标识，保持街道与建筑内部之间的联系，在建筑底层提供与街道保持密切联系的功能用途（如零售店、咖啡快餐、饭店等与公众活动有关的用途，提供室外的咖啡座和餐厅等）。此外，通过有吸引力的建筑入口、展示橱窗、展示场景、艺术品、建筑细部、和谐的立面以及光洁透明的外窗，提高沿街的视觉趣味和人行道的品质。

（4）建筑体量。悉尼以其宜人的室外环境而闻名，这与它对建筑体量的控制是分不开的。《图则》要求高于120米的非居住类建筑，按临街退后要求，退后部分的每层建筑面积不得超过1400平方米或25%的用地面积。对于居住建筑及服务性公寓，退后部分的每层建筑面积不得超过1000平方米，建筑最大的沿街长度为40米。

（5）建筑外观。建筑外观是构成悉尼中心区城市景观的主要因素之一。为提供具有视觉趣味的城市天际线，《图则》规定，新开发的建筑项目需能够提供良好的街景、丰富的建筑细部与趣味。条文对建筑立面的色彩、材料均提出了要求，并规定建筑应有供人眺望公园和低层建筑的阳台或平台，建筑顶部设计则要求与其他设施相结合。

此外，悉尼对步行环境的建设与管理也值得借鉴。步行环境是人们感受和接触城市的主要场所。为了获得舒适的公共步行环境与良好的城市设计品质，从为人们的社会和文化活动提供安全、实用、美观的步行环境角度出发，《图则》在街坊内部的连接、机动车出入口与人行道交叉、人行天桥与地下通道、雨棚与柱廊、艺术作品设置、步行道及公共空间的地面铺装、无障碍通道等几个方面，对构成步行环境的要素也做了具体规定。

2. 悉尼码头区的城市更新

悉尼码头区位于悉尼东部海岸，整个码头区贯穿了整个东部地区，西端直接深入悉尼中心区。20世纪70年代以来，在宏观经济形势的影响下，悉尼码头区经济逐渐衰退,虽然新的服务业已开始引入,但仍不足以改善整个区域的经济状况。在政府的大力支持和有效的公共政策的干预下,今天的悉尼码头区已经逐渐成为新的经济增长点。特别是 Rock 地区和 Darling Harbour 地区已经成为悉尼新的城市风景线。

Rocks 地区是悉尼一处颇具生活氛围的居住场所,历史建筑众多。它的改造顺应了 20 世纪 70 年代世界性的历史保护潮流,提出了"文化、社会和历史价值优先,经济振兴次之"的工作原则。1976 年,悉尼将 Rocks 地区确立为悉尼重要的历史地段,并将其中的历史建筑卡德曼斯农舍、坎贝尔仓库及苏珊住宅等完全保护下来,同时又开展了系统的建筑保护、更新与改造的城市设计工作。既加强了该地段面向旅游的综合使用功能,景点分布和联系更加合理,又取得了良好的经济效益。今天的 Rocks 地区已经成为悉尼市值得夸耀的重要历史人文景观之一。

Darling Harbour 地区改造是 20 世纪 80 年代开展的一项带有国际意义的城市设计开发项目。Darling Harbour 地区与悉尼商业中心区紧密相邻,这一带历史上是悉尼铁路站场和港口所在地,后一度被废弃。地区改造建设的内容包括会展中心、临海散步道、中国花园、国家海事博物馆、海湾市场、旅馆以及高架环路单轨电车线路等。这项改造设计不仅在市中心区保留了一大片整地,建设了大体量的会展建筑,而且新开发的项目与已有的中国城、娱乐中心、动力科学博物馆也相互和谐。Darling Harbour 地区改造一方面在外部空间要素,如公园、绿地、步行道及原先存在的船舶和建筑遗迹等的组织运用上十分成功;另一方面,其与众不同之处在于,将 Darling Harbour 地区完全看作步行系统与公共性的开放空间,将穿越该地区的城市主干道及新建设的电车高架处理,充分尊重"人"在城市环境中的重要性。在悉尼码头区的城市改造更新过程中,其再开发战略有以下几个方面可以借鉴:①通过物质环境建设迅速改变悉尼码头区的面貌,吸引投资。②利用有限的政府投资形成有力的经济杠杆,调动市场积极性。③以市场为导向,在资金允许的前提下尽可能多地征购土地,以土地开发带动整个码头区的开发。④投资关键的环境建设项目。⑤开拓市场,积极营销。⑥通过引导市场投资,刺激高档次的住宅需求,改善社区设施。⑦改善道路、交通条件,使该区具有与悉尼中心区其他地区同等水平的基础设施。⑧滚动开发,自我推动。

这种以市场为中心的开发战略直接左右了整个悉尼码头区改造的规划思想与方法。通过改造,悉尼码头区原有的旧住宅、厂房多数被拆除,取而代之的是办公楼,商业、娱乐设施,以及新建和整治的住宅。悉尼码头区的改造与更新是澳大利亚 20 世纪 70—90 年代城市发展的重要组成部分。一方面,它在战略上为悉尼城市经济结构转型、经济振兴和澳大利亚在全球经济一体化下的国际竞争提供了必要的城市发展空间;另一方面,在政府财政困难的情况下,充分利用市场投资,大大促进了码头区的建设与更新。①

(二)悉尼奥运会对城市环境整治和景观生态建设的促进

通过对悉尼城市借承办奥运会等国际大型体育比赛之机,开展城市环境整治、生态

---

① 参见简逢敏、姚凯《城·水·园——澳大利亚新西兰城市规划考察》,载《上海城市规划》2001 年第 2 期,第 16~22 页。

恢复和景观建设等经验的介绍，为大都市治理中的城市提供关于生态环境保护与建设的基本思路。

1. 悉尼奥运会主场馆区建设前的环境状况和环境整治规划

2000年的悉尼奥运场馆建设在悉尼市中心区向西15千米的名为红布什湾（Homebush Bay）的废弃工业用地上。这块7.6平方千米的土地具有相当好的地理区位优势。过去的红布什湾是一个港湾系统，包括森林、草地、水道网、盐沼和红树林湿地，为当地动植物提供了栖息地。在20世纪60—70年代，该地区被无组织和无控制地堆弃了大约900万立方米的废物。到1988年，大多数湿地被填满，多样性与优美的环境变成脏乱的垃圾堆和被污染的水道。红布什湾土壤测试结果表明，在7.6平方千米中有2.2平方千米的土地被污染。这块土地及其相关湿地、河湖系统完全退化了。红布什湾环境恢复与整治工作被纳入2000年的整治计划，其环境整治费用总额高达1.4亿美元，占奥运总体建设费用的4%左右。环境整治的主要内容包括垃圾渗滤液的控制与处理、垃圾的处置和湿地的建设。目的是防止地下水污染、保护当地自然植物与动物群落，以及保障当地人民的居住安全。

2. 红布什湾的环境整治与生态恢复

（1）水环境的治理。通过环境评估，认识到主要的危险是水污染造成的潜在的环境污染。污染源是填埋和堆放的垃圾渗滤液，从填埋地流入湿地、水路与沟渠。恢复的策略是在整治水环境的同时，将随意堆放的废弃物就近堆成废弃物的山丘，并避免人群、植物和动物暴露在污染物下。为确保渗滤液污染被控制，渗滤液一部分通过泵送到氧化塘，利用芦苇与其他水生植物处理有机物和氨氮，通过自然生物过程得到净化；另一部分渗滤液则在废水处理厂（Lidcombe）得到处理。通过对渗滤液的管理阻止了其对湿地与水路的继续污染，使一些生态恢复地区鱼类的数量增加并改善了鸟类迁移栖息地。

（2）垃圾的处理与处置。对填埋和堆积了几十年、大约900万立方米的城市生活和工业废弃物垃圾，将其迁走在经济上不可行，同时在环境上也是不可接受的，因为这仅仅是将污染进行了转移。通过咨询与研究，最终决定就地进行处理，将垃圾和被污染的土壤固化为四个大垃圾山丘，建立了防渗、渗滤液收集与处理系统，并对山丘上层进行封闭和绿化等景观建设。这一系统将垃圾山丘产生的渗滤液直接截留处理而使其不进入水道与湿地系统，保护了新恢复和建立的生态系统，整治工作大大加快了红布什湾地区生态恢复的进程。

（3）人工湿地的建设。由于红布什湾的特殊地理条件（既有淡水环境同时又有海水环境），具有适宜哺育鱼类、水鸟、迁移鸟类和其他动物的环境，从而形成了这一地区生态与物种的多样性。湿地建设包括咸水湿地与淡水湿地，通过将上百万吨废弃物从湿地和水道中搬走，使湿地逐步得到恢复。有控制地开放部分防海墙，使得潮水可以冲洗盐沼和湿地，从而改善了它们的质量。处于海水与淡水交界地带的红树林是海湾地区规模最大的物种，也得到了充分保护。淡水湿地包括经过整治的一系列大大小小的水塘，其中鱼类、青蛙和昆虫在这一片正在恢复的生态环境里为各种鸟类提供了丰富的食物来源，同时，种植的芦苇等水生植物也为水鸟提供了栖息地。据统计，目前红布什湾湿地植物已超过40种，鸟类有240种。

(4) 物种保护。绿金钟蛙的保护在悉尼奥运生态保护工作中具有特别的意义。绿金钟蛙曾经广泛分布在澳大利亚各地,但目前只在滨海地区存有约40块栖息地。自从绿金钟蛙1992年在红布什湾一个砂石坑被发现后,对它的保护于1995年被列入濒危物种保护行动法案。为了保护绿金钟蛙的栖息地,有关部门迅速调整了奥运会场馆建设计划,建立了0.2平方千米的保护区,修建了机动车立交桥和蛙类的地下通道,在洼地和道路边沿之间设置了蛙类防护墙,并且人工迁移场馆区域内的绿金钟蛙及其蝌蚪。澳大利亚将此编成故事加以宣传,表示了政府对野生动物保护的态度,树立了生态保护的良好形象,其意义超过保护绿金钟蛙本身。

3. 城市景观生态建设

(1) 生态恢复与景观建设。通过生态恢复与景观建设工作,红布什湾地区现存的五种不同的自然生态系统,即森林、草地、淡水湿地、咸水湿地和水道网等生态系统得到了很大程度的改善,同时还修建了人工山丘景观生态。奥运场馆区与周边环境被自然弯曲水道、水面和浅滩系统分隔;恢复种植了大片土生草种,当地植被得到保留;全地区人工植树数万株,植草数百万株。在悉尼奥运场馆与奥运村区域,除道路和构筑物外,全部地区为树木与草坪所覆盖,绿化覆盖率为60%~70%。整个地区呈现出了自然生态风貌,几乎不见人工雕琢痕迹。很难想象在奥运会之前,这里曾是以城市垃圾和工业废弃物为主的废弃的工业用地。悉尼人用生态恢复学的方法把废墟变成森林和绿地,又用景观生态学的观点把山丘、森林、草地、湿地、湖泊连成一个协调的景观生态系统。

(2) 利用城市垃圾和工业垃圾建立高地景观。对占地约1.6平方千米的原垃圾场和企业旧址,悉尼采取了在红布什湾地区就地掩埋污染物的方式,而没有异地处置,防止了污染扩散。大约900万立方米的陈旧性垃圾和工业废物就近填埋,形成4个高的土丘,经绿化形成高地景观,为营造该区域的"自然"风貌发挥了重要作用,在这些制高点上可以清楚地瞭望到周围的景色。填埋场离奥运场馆距离很近,驱车进入奥运公园,首先就可以看到一座土丘的草皮之上醒目地镶嵌着五环标志。另外一处高地构建成螺旋式上升的形式,是一个休闲与锻炼的运动场地。

Woo-la-ra是其中最大一处填埋后形成的景观,土丘高28米、长550米、宽220米,渣土使用总计110万立方米。由于从山丘的制高点可以清楚看到奥运场馆和周围的全景,其周围又分布了湿地、河网、森林等不同的景观地貌,所以景观本身主要种植了牧草,保留了荒漠生态的地貌特点,从而与周围的景观一起,在一个相对小的区域内形成多样性的生态环境。

(3) 悉尼奥运会水上运动中心水生态恢复与建设。悉尼奥运会水上运动中心位于悉尼西部,是由占地20平方千米的一系列河道和湖泊组成。2.5千米长的水道由原砂石坑改建而成,来水主要靠天然降水和周边水坑储水,其中雨水径流先在周边水坑沉淀。比赛水道底部采用自然防水处理,种植专用水草、养殖特种鱼类防止富营养化。以上措施使水体变得非常清澈,同时周边环境也十分优美。

在景观设计上,考虑恢复与复制原有的景观生态系统——曲折的河流和冲积扇平原。由于景观生态学的基本要素是本底、色调、格局与类型,为了保持本底、色调,当地景观建设最适合采用的材料仍然是砾石和沙子,牧草和土生土长的树木、灌木。已经种植了 4 万株树,计划种植 18 万株树木。以前考虑要沿水域的东岸在 3 平方千米的面积里提供 3700 块房屋建筑用地;但是,从景观生态角度看,该地区房屋的密度要控制在一定范围内,以保持这一区域乡村风貌的格局。[①]

二、悉尼大都市治理的特征

悉尼在生态恢复及景观生态建设方面的某些观点与经验,不仅对其他国家关于奥运会的项目建设,而且对我国城市环境整治及生态恢复建设都具有一定的借鉴和指导作用。

(一) 奥运会筹备应与城市环境整治相结合

悉尼借奥运会承办之机,加速了城市的环境整治,就地解决了多年来为之苦恼的环境污染问题。借鉴悉尼奥运会筹备的经验,各个国家在奥运会筹备期间,也应将奥运建设与城市环境治理和生态环境建设结合起来,从而解决好城市的垃圾与水污染等环境问题。

(二) 运用恢复生态学与景观生态学原理来改善环境

悉尼奥运会的成功经验是,运用恢复生态学原理把废墟变成森林与绿地,用景观生态学观点把山丘、森林、湿地、湖泊连成一个和谐的景观生态系统。我国在城市建设中,对历史遗留的陈旧垃圾和废坑塘、废河道也应采用恢复生态的方法对其进行改造,并用景观生态学原理进行设计,使其成为公园、林地、草地,甚至成为自然保护区等用地,改善并美化当地的生态环境。

(三) 保护和恢复城市生物多样性

生物多样性是维持生态系统正常功能的基础,也是人类生存与发展的基础和源泉,因而退化生态系统的恢复与重建应从保护和恢复生物多样性入手。我国在城市生态建设中也应像悉尼保护和恢复当地物种、恢复湿地生态系统那样,保护城市生态系统多样性、物种多样性与遗传多样性,促进城市可持续发展。

(四) 城市景观建设应以自然景观为主

自然环境是人类赖以生存和发展的基础,其地形地貌、河流湖泊、城市植被等要素构成城市的主要景观资源。尊重并强化城市的自然景观特征,使人工环境与自然环境和谐共处,有助于城市特色的创造。城市景观建设应以自然景观为主,使之成为城市生态系统的载体,承载城市生态系统的能量流和物质循环,并成为人类与生物共生的场所。

---

① 参见王凯军、金冬霞《悉尼奥运会对城市环境整治和景观生态建设的促进及经验》,载《城市管理与科技》2003 年第 1 期,第 9~11 页。

第二节　新西兰惠灵顿的大都市治理

惠灵顿是新西兰的首都、港口与主要商业中心，同时也是全国的政治中心。作为新西兰的第二大城市，它是大洋洲国家中人口最多的首都。惠灵顿区（包括卡皮蒂、波利鲁瓦、哈特谷和怀拉拉帕）是新西兰第三大人口居住区，占新西兰总人口的 11.3%。惠灵顿位于北岛最南端，扼库克海峡，适居一国中心。市区三面依山，一面临海，怀抱着尼科尔逊天然良港，轮廓犹如古罗马圆形剧场。而且，附近群山连绵，满目苍翠，碧海青天，景色秀丽，气候温和，四季如春。气候温和湿润，是南太平洋地区著名的旅游胜地，人口约 45 万，与澳大利亚的悉尼和墨尔本同为大洋洲的文化中心。作为南北二岛往来的交通枢纽，惠灵顿也是世界最佳深水港之一。在海洋性气候的影响下，天气暖和、阳光充沛。惠灵顿地处断层地带，除临海有一片平地外，整个城市依山建筑。1855 年一次大地震曾使港口受到严重破坏，如今的惠灵顿是 1948 年后重建的。由于惠灵顿濒临海湾，加之地势较高，时常受到海风的侵袭，一年之中大部分日子都刮风，因而有"风城"之称。

一、惠灵顿的大都市治理观察

（一）惠灵顿的应急体制

惠灵顿设有专门的应急事务办公室，隶属于市政府。惠灵顿应急事务办公室的宗旨是做好对付灾难的准备，在灾难到来时及时响应和帮助人民恢复生产、重建家园。应急事务办公室依据民防应急管理条例运行。

惠灵顿应急事务办公大楼建于 1996 年，拥有自己的供水系统、供电系统、通信系统、下水道系统，以便确保紧急事件和灾难发生时能正常运转。惠灵顿应急事务办公室平时致力于防灾计划、培训与演习。在民防应急管理条例中列举的任何灾害降临时，惠灵顿应急事务办公室将启动运行，组织协调一定范围内的应急人员投入救灾。在应急事务办公室主任的领导下，在其他应急服务组织的协助下，应急事务办公室成为救灾战略决策的神经中枢。

惠灵顿抢险队由志愿者组成，为惠灵顿服务，必要情况下可为新西兰其他地方服务。在灾害（如建筑物塌方、山体滑坡、地震）发生时惠灵顿抢险队负责定位、拯救被困人员。在大规模灾害突发，惠灵顿政府无力提供全面紧急服务时，惠灵顿应急事务办公室负责召集惠灵顿抢险队实施救助。惠灵顿抢险队员的培训包括常规营救与基本灭火技能，包扎护理技术和营救设备操作。惠灵顿抢险队做好了与警察、消防和救护以及其他地方、区域和全国的抢险队协同作战的准备。

2006 年 11 月，惠灵顿举行了假设惠灵顿发生 7.6 级地震的演习。举行演练的背景是新西兰政府和居民都知道，惠灵顿断层随时会发生 7.6 级地震。惠灵顿断层是世界上著名的活断层，在过去的 1000 年中至少发生过 2 次强震。惠灵顿断层走向为北偏东 50 度，横穿惠灵顿市。从 Cook 海峡开始，止于 Upper Hutt，全长约 150 千米，是走向滑动断层。新西兰地震界多次反复模拟过,惠灵顿断层一旦发生错位,设想在不同的时间段(午夜、上班交通高峰时间等)、以不同的破裂方式(从 Cook 海峡开始破裂、从 Upper Hutt 开始破裂)发生,惠灵顿将会成为什么样子,以及伤亡的具体分布。John Taber 研究 1995 年神户地震时,说神户成了人间血腥的地狱。引申开来,就假想神户地震发生在惠灵顿,惠灵顿会成为什么状态。惠灵顿政府及人民面对地震爆发的风险,不是采取鸵鸟政策,而是直面发生最大地震灾害的可能,做好力所能及的一切准备。①

(二) 惠灵顿的轨道交通

惠灵顿城市人们的出行以小汽车为主,但是全市也拥有十分发达的公共交通系统,以满足旅游者和不同层次人们出行的需要。惠灵顿有分布范围很广的公共汽车线路,各线路的走向都是由当地议会根据实际情况决定的。惠灵顿的多数公共汽车都采用柴油发动机,而 Wellington 公司则拥有 65 辆无轨电车,用来逐渐替代曾经遍布全市的有轨电车。

惠灵顿和奥克兰是新西兰仅有的两座拥有地铁交通系统的城市,其线路沿用了铁路大发展时期遗留下来的基础设施。惠灵顿地铁由市中心向周边延伸,所有的线路都汇集于惠灵顿火车站。惠灵顿与大惠灵顿地区的联系就依靠这放射形的铁路网。地铁线路主要有两条,北岛主干线和怀拉拉帕线。惠灵顿大多数的列车都是靠电力行驶的,这也是新西兰唯一一座拥有电力火车的城市。惠灵顿还有一条轨道缆车,主要穿行于市中心与盖尔本之间。此外,这里还有一种很有特色的、怀旧的公共马车服务。②

二、惠灵顿大都市治理的特征

惠灵顿是世界上最南端的首都,也是新西兰全国政治与文化中心。依山傍海的地理环境与多族裔混居的人口构成,造就了惠灵顿包容、开放、多元的文化氛围。惠灵顿国家级文化机构云集,专业艺术赛事特色鲜明,群众文化活动丰富多彩,浓厚的艺术氛围为各类文化在此地生根、发芽和茁壮成长提供了沃土。

(一) 扬长避短明确文化定位

无论是惠灵顿市还是惠灵顿大区,相较于人口 150 万和面积 6059 平方千米的新西兰第一大城市奥克兰,在经济体量上并无优势。然而,惠灵顿是新西兰议会、国家级政府部门所在地,共有 61 家外交使团和国际组织分部设立于此,在新西兰国内拥有独一无二的政治资源与国际影响。近年来,惠灵顿积极扬长避短,将文化建设视为城市发展的重要动力,将"文化之都""创意之都"视为对外宣传口号,在"文化兴市"方面巧做文章,不断提高城市的竞争力与吸引力。

从国际角度看,惠灵顿清醒地意识到,新西兰的文化优势不在历史资源与传统文化领域。着力突出创意、设计和多媒体艺术等文化门类的开放、多元特征,不但减轻了新

---

① 参见马淑芹《新西兰首都惠灵顿的应急体制》,载《中国应急救援》2008 年第 1 期,第 39~40 页。
② 参见谭复兴《新西兰惠灵顿的轨道交通》,载《城市轨道交通研究》2010 年第 11 期,第 106 页。

西兰在这些新兴领域的起跑线压力,并且与其国民性格和对外形象一脉相承。"文化之都"与"创意之都"并举,以创意助推文化,成为惠灵顿明确、务实的文化定位。

(二)依托重大活动打造文化品牌

惠灵顿全年各种文化赛事与节庆活动不断,其中最著名的是新西兰国际艺术节和"可穿着服饰大赛"。

新西兰国际艺术节逢偶数年二、三月间举办,是新西兰规模最大的综合性艺术节。艺术节官网数据显示:2012 年,艺术节共邀请了来自 31 个国家的 900 余名艺术家,带来 300 多台内容丰富、形式多样的节目,涵盖音乐、舞蹈、话剧、视觉艺术等门类。该届艺术节为惠灵顿创收 5600 万新元(1 新元约合 5.4 元人民币),比 2010 年增加了约 1700 万新元。艺术节在住宿、餐饮、零售等领域为当地 GDP 创利 2800 万新元,新增 362 个相关全职工作岗位。

"可穿着服饰大赛"主体为创意服饰设计,决赛将各类作品辅以音乐、灯光、舞蹈等进行综合展示,堪称一场超级豪华的视觉秀,是新西兰最具特色的年度艺术盛事。大赛于 1987 年在新西兰南岛城市纳尔逊创办,迄今已举办 25 届。2006 年,惠灵顿深感大赛的独特创意和日益增强的国际影响,与组委会签署合作协议,将大赛移师首都,于每年 9 月底至 10 月初举办。活动期间,通常有近 5 万名海内外观众专程来惠灵顿观看,每年为惠灵顿带来约 1500 万新元收益。新西兰商业创新和就业部、惠灵顿市政府等政府机构均高度重视该赛事的国际影响力并积极提供资助。

(三)巧借电影元素大打文化外宣牌

近年来,新西兰电影产业特别是电影后期制作在由《指环王》三部曲奠定的坚实基础上,于全球范围内持续升温,成为新西兰文化产业的金字招牌。惠灵顿作为《指环王》《霍比特人》导演彼得·杰克逊的家乡和世界著名影视特效公司"维塔工作室"的所在地,在电影产业方面更是领跑全国。2012 年统计显示,在新西兰 2223 家电影产业相关企业中,超过 90% 从事电影制作、约 70% 从事后期制作的集中在惠灵顿。2012 年,新西兰影视产业总收入达 32.9 亿新元,惠灵顿占其中的 69%。

随着《霍比特人》系列的火热上映,惠灵顿这个被誉为"中土世界中心"的城市也吸引着越来越多的海外游客。惠灵顿市政府顺势而为,在惠灵顿机场悬挂起两个重达 8 吨的电影巨鹰模型并将行李提取处的传送带装扮成霍比特人小屋的风格,巧借电影元素,大打文化外宣牌。2014 年年初,惠灵顿旅游发展局首席执行官帕克斯称,自 2012 年 12 月《霍比特人:意外之旅》全球首映以来,前往惠灵顿旅游的海外游客数量增加了 7.5%;惠灵顿游客中心与该电影主题相关产品的销售额增长超过了 20 万新元,增幅达 20%;"维塔工作室"的参观人数在 2013 年达到 15 万人,实现了 30% 的增长,其中 71% 为新增游客。

(四)组建行业联盟形成文化合力

惠灵顿市积极借助市立图书馆、美术馆、博物馆等公共文化机构开展各类文化活动,同时,以组建相关联盟的形式进行有效管理。

惠灵顿城市美术馆、惠灵顿城市与海洋博物馆、缆车博物馆、移居者博物馆以及板球博物馆等7家中小型博物馆组成了"惠灵顿博物馆基金会",优势互补,资源共享,捆绑式开展对外宣介和筹款工作,并积极通过友城渠道与海外同行保持密切的交流合作。其中,惠灵顿城市与海洋博物馆常年来坚持低成本运营与趣味互动相结合,2012年年底跻身于世界博物馆联盟评选出的"全球50佳博物馆"。

惠灵顿圣·詹姆士剧院、惠灵顿歌剧院、迈克·福勒中心、TSB剧场等近10家全市知名文化场馆组成"惠灵顿剧院联盟"。该联盟坚持商业与公益并重的原则,在保证场馆有效、合理使用的基础上,坚持提供固定档期支持无收益来源的公益活动和群众社团。2010年12月发布的《惠灵顿大区艺术文化机构经济影响力调查报告》显示:上一财政年度,惠灵顿市共举办商业文化活动2581场,演出日达3050天,观众87.8万人次;免费文化活动766场,演出日9469天,观众85.8万人次。

(五) 惠民活动营造良好文化氛围

据统计,惠灵顿市受高等教育的人口比例为46%,远远高出28%的新西兰全国平均水平。良好的人文素养与蓬勃的文化发展相互促进,民众不但踊跃参与各项文化活动,并且高度重视艺术和文化对社会发展的贡献。调查显示,从文化活动参与率到民众对文化发展的好感度,惠灵顿各项得分均高于新西兰平均水平。民调显示,94%的惠灵顿民众认为文化活动"非常重要",72%认为艺术在其生活中"无处不在",83%认为将"文化"和"创意"视为惠灵顿的身份定位"极其重要",80%认为如果没有艺术,惠灵顿将"黯然失色",82%认为文化发展对促进当地经济发展大有裨益,54%认为公共基金有义务扶持本地艺术发展。

在此基础上,惠灵顿市广泛倡导与扶持各类文化活动。自1980年起,惠灵顿市政府联合当地社团、企业等众多社会力量,于每年12月至次年4月,坚持举办"城市之夏"活动。这项包括广场演出、露天音乐会、露天电影、中国春节庆典和岛国艺术节等在内的群众文化活动规模盛大、包罗万象,深受当地民众欢迎,已融入几乎每位惠灵顿市民的夏季生活。值得一提的是,"城市之夏"在全部活动免费的基础上,为鼓励社团积极参与,特向其提供场租优惠与宣传便利;其间,新西兰边缘艺术节和新西兰喜剧节同期举行,为广大艺术爱好者与新生力量创造锻炼机会和展示平台。此外,其他各类节庆活动不断降低民众参与门槛。如2012年新西兰艺术节总共售票逾11万张,其间每日推出20新元特价票,超过16.5万民众参加了不同的免费活动。①

---

① 参见袁媛、韩立昕《惠灵顿多渠道打造文化创意之都》,载《中国文化报》2014年11月28日。

第三节 大洋洲国家大都市治理的经验归纳

一、澳大利亚和新西兰城市管理的主要经验

澳、新两国的城市，到处都呈现绿草如茵、树木葱郁、街道干净、牌匾清秀、秩序井然、鸟语花香的美丽景象。他们在城市管理上有四点突出经验值得我们借鉴。

（一）运用法律手段管理城市

澳、新两国十分注重依法管理城市。一是法律比较完备。两个国家城市管理的法律由各州议会结合实际自行制定。澳大利亚墨尔本市所在的维多利亚州，制定了《规划和环境法》《规划复议委员会法》《历史建筑法》《考古与土著文化保护法》《社区公共设施法》《官地法》《土地排水法》《环境影响法》《环境保护法》等法律法规，形成了完备的城管法制体系。依靠法制来控制、引导和规范城市公民的社会行为，使城市管理有法可依，有章可循。二是法律有很强的操作性。法律的条款很细，避免了执法的随意性，减少了执法过程中的摩擦。昆士兰州的《综合规划法案》是目前澳大利亚最新的规划法案，共300多页，对城市规划的制定与修改、开发许可证的发放、规划法庭及其司法过程等方面都做了详细规定。三是严格执行法律。政府官员、企业法定代表人、公民都把执行法律当作应尽的职责与义务，把提高城市管理质量当作自己的权利，在总体规划、功能布局、项目审批、违法处理等多个环节上加强执法与监督。任何官员、企业法定代表人和个人只要违法，都要依法处理。比如企业、个人随意丢弃生产生活垃圾，一经发现将会受到重罚，乃至被起诉。

（二）运用综合措施管理城市

由于政治体制与社会制度不同，澳、新两国城市政府的管理职能与我国相比较为单一。澳大利亚堪培拉市城市服务部是管理城市的唯一机构，主要负责城市规划、绿化、建设、公共交通、道路维护、垃圾处理、环境保护、图书馆等公共事业的管理和执法监察。由于环节少，城市规划建设与管理紧密相连，协调一致，效率非常高，使规划、建设、管理形成了"三位一体"的管理模式。

在科学规划布局上，两个国家对城市总体规划的编制都十分科学和严谨，一旦确定就不随意改变，具有极大的权威性，而且并不僵化。近期规划十分全面周到，很少有调整余地；远期规划通常比较原则性，有一定的弹性，可以在规定的时间和程序里进行修改与调整。一般情况下，规划过程分为两个阶段，即总体规划或概念规划阶段和具体的地段规划阶段，后者用以指导具体的开发控制。从具体实践看，两国的城市规划比较合理，功能分区明显。比如，澳大利亚墨尔本市作为澳大利亚的商业与文化中心，其规划的商业用地和文化展览用地多，设计水平高，各种展览与艺术节层出不穷。悉尼市凭借秀美的港口成为澳大利亚旅游的标志，因而其旅游服务设施数量多，建设水平非常高。堪培拉市是一个新建的政治中心，其规划和建设已经成为城市规划理论教科书不可缺少

的实例。

在实施规划建设上,一是审批效率高。规划许可后,具体建设项目的设计审批也比较简单。因为规划已比较细致严谨,审批部门通常只审查建筑立面、无障碍标准(残疾人设施)、设计标准。二是严格依规划建设。各城市均严格执行规划的功能分区规定,居民区不允许建设大型商场与娱乐设施,同样,在工业区内严禁建设住宅。严格坚持规划建设项目的预留原则,任何项目都必须按照规划预留土地,决不因政府负责人的变动而改变,更不会因城市的发展而无休止地开挖马路。三是建设精益求精。各种公共建筑、公共设施不建则已,建就一定要建成精品,经得起历史的检验。全球知名的悉尼歌剧院,之所以成为经典力作,就是因为它是从全世界范围内 2000 多个方案中筛选出来的。同时,各类公共建筑和设施在材料的运用与材质本身的表现方面颇具匠心,注重不同材料结合的细部处理,因此,城市景观少有败笔。尤其是小的公共设施包括厕所、报刊亭、公共汽车站点,建成之后每每都是一处景观、一件艺术品。

在高效规范管理上,两个国家重建设更重管理,突出体制和技术创新,实行"数字城管"。所谓"数字城管"主要分为四个部分:一是万米单元网格管理。把一座城市划分成若干个单元网格,实现空间管理的精细化。二是城市部件管理。对城市各个部件,比如铭牌、沙井盖、路灯等进行普查登记,统一编码。三是高科技电子产品管理。由监督员手持"城管通"对信息进行实时采集传输,及时管护。四是管理监督分离协作管理。一些城市管理问题由责任单位进行处理,如果不处理,则有人监督。比如,城市环境卫生除街路实行机械化清扫外,其余实行"门前三包",并以法律形式固定下来,市民自觉保洁。通过四个方面的结合,形成了精确、精细、敏捷、高效、全时段、全方位的管理模式。

在人本管理服务上,身处公共场所,随处可感受到人性化的关怀。如供行人休息的椅子,供残疾人行走的绿色通道,给盲人配置的训练有素的导盲犬,供忙碌一周的居民使用的免费露天浴池等。供儿童游玩的免费乐园,仅黄金海岸就有 100 多个。公共厕所分男、女和残疾人三种,博物馆、医院等地均有免费为残障人士提供的轮椅等相应的公共服务设施。

(三) 运用市场机制管理城市

澳、新两国的行政方式大多是将现有的公共服务部门"公司化",通过由市场指导的私营机构提供;或者将原来由政府监督的一些公用事业"非管制化",尽量向市场开放。对于仍需政府提供的公共服务产品,也通过"准市场机制"来调整供求关系。比如,新西兰罗托鲁阿市的市政厅,就是通过聘请 CEO(首席执行官)专门负责管理整个市政厅的工作,下设 4 个部门,运用市场运作方式,对市政、交通、环保和供排水等进行管理与服务。澳大利亚的市场经济体系十分成熟和规范,市场在资源配置中起着决定性的作用。政府的责任是规范市场秩序、实施市场监管。企业经营什么、如何经营、盈亏与否都由市场取舍,政府不承担任何义务和责任。政府公共服务的运作也大多采取市场化形式进行,用管理企业的方式进行公共服务管理。过去由国家经营的许多行业,如航空、邮电、电力,现在都采取合同方式实行市场化运作,极大地提高了效益,节约了成本。布里斯班市政府发展部首席执行官罗素·肯尼迪先生介绍经济发展与城市管理时说:"布里斯班有100多万人,市政府只有10个部门,不到1000人的公务人员。城市基础设施建设采取分级投资、分级管理的方式,基本上都是政府购买服务,实行外包管理,政府只管理项目的合同制定和定期进行监督检查。"

(四)实行全民参与管理城市

澳、新两国城市规划都是在广泛进行市民听证后做出的。不仅如此,两国还发动社会力量参与城市管理。比如,澳大利亚政府十分重视通过宣传教育示范的方式,引导国民参与生态环境保护和建设工作。堪培拉市"无垃圾城市"计划的推进,就是建立在广大居民积极参与的基础上的,目标是到2010年不再填埋垃圾,实现全部垃圾的回收和利用。在计划实施的每一个阶段,政府有关机构都通过印发宣传资料与讲座等形式,告诉居民应该如何做。环保部门还开办了"无垃圾城市"计划教育中心,为居民免费提供垃圾回收再利用的知识和技术,引导广大居民自觉参加到这项计划中来。同时,该国政府对从事环保事业的企业在税收、设施等方面给以优惠,鼓励与支持更多的企业投资环保产业。堪培拉市有80家企业从事垃圾搜集、分类和填埋工作,每年创造1000多万美元的产值。政府还与商业企业合作,推出了"生态商业"计划,促使其在水、电、气等资源方面节约利用。①

二、澳大利亚和新西兰大都市的住房治理经验

不管是悉尼、墨尔本,其城市规划都是一步到位的,它不会因为城市领导人的改变而随意改变;而且,城市规划的重大项目和工程都必须在互联网上公示和投票,征求不同利益群体的意见,征求社会各界方方面面最广大人群的理解与支持。因此,可以说澳大利亚城市规划真正成了城市各项建设的灵魂。

澳大利亚和新西兰的城乡界限分明,各具特色。澳大利亚和新西兰早已完成工业化进程,城市与乡村在经济上已不存在明显的差别,但在城市与乡村的规划建设上,城乡的界线是很分明的。城市就是城市,农村就是农村,并不像我们常说的城乡统筹就等同于城乡一体化的概念。在澳大利亚和新西兰,城市化程度高,农村人口少,城市与乡村的社会经济功能不同,其物质表现形态也就不同。城市是密集的、繁华的、喧闹的,那里有森林般的建筑、蛛网般的路、穿梭的人流、车流;而乡村则是松散的、宁静的、休闲的,那里有精致的别墅、绿地、花园与毫无遮挡的阳光、清新的空气。

澳大利亚和新西兰政府都十分重视住房建设,他们根据不同层次与老年人的特点,建造出大量的房子供国民选择。澳大利亚、新西兰属于世界上经济发达国家,政府在发展经济的同时,十分重视住宅产业的建设及发展。如澳大利亚目前平均每人有住房1.67间。最大城市悉尼每年建造住房2.5万~3万套,一般每套45~100平方米,年建造住房面积180万~200万平方米。市中心建设的住房价格比较贵,因此,住房委员会在市区边缘建造了一些公房,供低收入者居住。澳大利亚政府非常重视为老年人提供

---

① 参见孙卫东《澳大利亚和新西兰城市管理的主要特点》,载《齐齐哈尔日报》2008年8月7日。

住宅。考虑到老年人居住在一起能互相照顾，悉尼市有专为老年人建造的高层公寓。有一室户和二室户，设备齐全，每层设有活动室。在电梯内备有凳子，供老年人坐。每3户有一台公用洗衣机、烘干机。每户有紧急电话通底层活动室，室外有草坪、喷泉等，环境优美。

澳大利亚和新西兰在房屋建造过程中，十分注重房屋的造型多样化、结构轻型化。澳大利亚和新西兰的房子外观造型多种多样，有的犹如一件艺术珍品。别墅式独立house多为橙红色，斜坡屋顶，有的上面有木结构加一小层或两层楼房。结构多为硬木框架，外加单层空心砖，有一定承重力。墙砖色彩造型多样，有现代化的淡雅的白色的墙，也有古色古香的仿古色彩很浓的表面凹凸不平的外墙。有些居民花几十万澳元买一座旧房，推倒重建，半年即可建成新房。高层楼宇则由房地产开发商兴建，一般半年至一年亦可建成。澳大利亚人每搬迁一次家或房屋转让一次，都要重新装修一次，换墙纸或刷乳胶漆、换地毯或重铺木地板，显得焕然一新。有的较为轻型的房屋，在搬家时是真正的"搬家"。他们在另外一个地方买到地皮后，就用吊车将轻型的房屋吊起装在平板汽车上运走，然后运到新的地方安装好，就可以住人了。如果房屋太大，那么就分几次吊装和搬运。

澳大利亚和新西兰政府根据他们的国情鼓励居民尽可能自己建造房屋，但也通过以下几种方法来提供住房给居民：住房委员会建造后出租或出售；对低收入者购买私房提供补贴；与私人企业合资建房；买进私房，改造后出租；提供材料由居民自己改建。澳大利亚的低收入者可向政府申请租用或购买住房。在购买政府提供的住房时，政府给予补贴，提供低于市场利率的贷款，分期还贷，30年还清。公房和私房的租金标准是一致的，但租金不得超过家庭收入的20%。他们鼓励低收入者购买政府提供的住房，因为价格便宜，而居民对住房也会精心保养，从心理上容易得到满足。如果居民是首次置业，不分男女老少，政府均给置业者补助10000澳元的置业补助金。

澳大利亚政府在旧城改造或拆建房子时，尊重历史；而且在建造过程中，认真考虑以人为本。"二战"后，澳大利亚政府将城市的原有住宅拆除重建，但是新建的高层住宅不受欢迎。到了20世纪60年代，代之以综合改造的方法，对于各历史时期有代表性的建筑都要求保留，由专门的有权威的非官方机构决定。对拆除重建的住房，在建造时，要考虑与周围环境的协调，层数多为3～4层（因为澳大利亚地广人稀）。对保留的房屋，在外形上要保持原有的风貌，内部改建达到现代标准。对住宅，在征得居民同意的前提下，进行一定规模的改建。如内部重新分隔，增加厕所、厨房、洗衣房、碗柜、洗涤设备、热水设备、消防系统等；并调换电线，屋面翻修，卧室和起居室铺满塑料地板等；尽可能使居民有完善的、单独使用的设备，减少对别人的干扰。搞好建筑物的外部设施，如修理道路、对园林精心布置、增加停车场、为居民增加活动室等。[①]

三、澳大利亚和新西兰大都市生态保护的经验

国外生态与城市环境保护的经验对中国具有很好的借鉴意义。澳大利亚、新西兰两

---

① 参见廖民生《澳大利亚新西兰的城市经验》，载《经济观察报》2004年10月18日。

国都是高度发达的工业国家,两个国家不仅风光旖旎、文化深厚,在生态保护等方面也取得了辉煌成就。

(一) 两国生态保护的经验

1. 重视生态环境保护

澳、新两国自然生态环境极为优美。其在动植物的保护方面有严格的法律、法规,绝不允许乱捕滥杀、私自屠宰与破坏;对工业废水、生活污水的排放均有严格的规定,绝不允许将超标的工业废水与生活污水排放到河流、湖泊和大海里。两国到处是碧水、蓝天、绿地、动物与人和谐共处的美好景象。悉尼市的玫瑰海湾和邦迪海滩,周边别墅星罗棋布,但雨水、污水分流制的收集与排放系统设计十分先进,没有对海水造成污染。世界物质文化遗产大堡礁位于凯恩斯市外海上,唯一能够看到的固定性建筑就是如篮球场大小的海中平台,诸多的旅游项目都分散在这个平台上和周边进行,令人印象深刻。

2. 重视自然生态平衡

为保持自然平衡,森林中的树木死了后任其自然腐烂,回归自然循环。为保护野生动植物,不准引进外来物种,野生动物自然繁衍,自我平衡。发生自然灾害时,只要不危及人的生命与财产安全,让生物自生自灭,顺其自然。

3. 重视农牧业可持续发展

在农业生产中,澳、新两国坚持农牧业可持续发展战略,充分利用自身优势,牧场、耕地实行轮作。为平衡草场的酸碱度,新西兰所有的牧场每隔4～5年就对部分牧场进行一次耕地种植玉米的轮作,收获的玉米及玉米秸秆发酵后作为牛羊的精饲料,以增强其免疫力和产奶量。农牧民严格遵守不准使用各种农药和抗生素、生长类激素等法令。为避免牛羊粪便污染,牧场内的小溪用栅栏隔离1米以上,牛羊饮用牧场内专门的饮水池,不直接饮用溪水。

4. 重视城市基础设施建设与清洁能源利用

澳、新两国水源均为地表水源,地下水禁止开采。以悉尼市为例,建有10个城市供水厂,整个悉尼地区有大小污水处理厂30多个。污水在处理达标后经管网运输至深海60米以下排放,如果超标排放污水会受到环保部门的处罚甚至吊销执照。为了防止暴雨时雨水进入污水管道引起未经处理的污水溢流,几乎所有城市都专门建设了溢流水储存管道。澳大利亚能源结构以风能、太阳能、水力发电为主,火力发电为辅。新西兰全国80%的电力为水力发电,其次为太阳能的利用。这两个国家的清洁能源利用率都在80%以上。

(二) 两国自然与环境保护经验

1. 在城市内河治理方面的经验

政府非常重视内河治理,一方面通过政府部门立法和开展工程建设,有效防止企业污水排入;另一方面则通过社会环保型组织,深入社区开展宣传,组织公众和志愿者自觉维护两岸自然植被,防止水土流失、防止向河沟内倾倒垃圾等行为,以改善河流质量。通过多年的努力，这些城市中内河无论规模大小，都常年畅流，河床未经任何人工雕琢、两岸植被丰富，一派自然和谐景象。

2. 在汽油挥发气体回收方面的治理经验

早在20世纪80年代，两国联邦和州政府就规定油罐车、加油站的加油设备必须回收挥发气体。为了确保加油站气体回收设备正常使用，澳大利亚悉尼是第一个引进了自动监控系统的城市。加油时如果气体回收设备不工作即发出警报，再过一段时间不启用自动切断供油。悉尼市的这个做法值得借鉴。

3. 公众参与形式丰富

一是通过各种方式开展环境宣传教育。二是建立环保志愿者组织，参与社区环保活动和保护区建设。三是在项目建设、环境影响评估中，公众有听证质询权，必要时对于危害环境的政府和企业行为，可以起诉到法院，由法院裁定。

4. 固体废物（垃圾）回收利用经验

两个国家的废物回收利用法规完善，人们环保意识强，养成了良好的垃圾分类习惯，都按可回收、不可回收分别装袋送到指定地点，由垃圾管理部门按时清运。危险废物和废旧电器电池等在社区有指定倾倒地点，谁倾倒谁付费，最终由有资质的专业公司处理。[①]

四、澳大利亚和新西兰大都市的绿化经验

通过对澳大利亚的布里斯班、黄金海岸、悉尼、堪培拉、墨尔本和新西兰的奥克兰、惠灵顿等几个城市的绿化观察发现，澳大利亚、新西兰给人的突出印象是国土绿化覆盖率高。特别是新西兰，可以说全国基本没有裸露的土地，山坡、丘陵上到处是茂密的原始森林或天然次生林，间或也有一些人工林。山与山之间，丘陵与丘陵之间，较为平坦或缓坡地带是广阔的草场，生态环境之好堪称一流。城市绿化水平高，城市绿化覆盖率一般都在50%以上。在这些城市里，小公园、小绿地处处可见。街道两侧、建筑物周围、公共及私人住宅区等各个角落，处处有树，有草坪和花木，无处不被绿色所覆盖，一座城市就是一个大花园。

澳大利亚、新西兰地处南太平洋，气候温和，雨量充沛。其良好的生态环境一方面得益于优越的自然地理条件；另一方面也在于人，在于人们的环境意识、绿化意识、法律意识与严格的建设及管理措施。

（一）注重城市总体规划，绿地在城市规划中占有重要的位置

澳、新两国各大城市在制订城市建设总体规划中，坚持可持续发展的指导思想，按照一定的比例合理规划出了林带、公园、街头绿地等城市公共绿地。城市的各种建筑也都要因其规模大小、所在位置，因地制宜地规划出一定的绿地，使其与绿地融为一体，努力做到使城市有一个良好的生态环境。悉尼是澳大利亚第一大城市，工商业繁荣发

---

① 参见张彦涛、迟晓德、刘玉德等《澳大利亚和新西兰自然生态和城市环境保护研究与借鉴》，载《环境科学与管理》2013年第7期，第1～3页。

达，为了限制城市无序发展，悉尼市在城市周边规划建造了一条绿化隔离带。澳大利亚首都堪培拉由格里芬湖划分为南北两个部分。格里芬湖是一个人工湖，其周围开辟有公共绿地。湖中心有高大的喷泉，既是旅游区，又极大地改善了城市环境。堪培拉虽然是一座现代化的城市，但它又不同于一般现代化城市，在它的市区中心看不到高楼林立及强烈的人工雕琢痕迹。市中心与各个居民区呈散布状态。公共建筑结合城市地形大都镶嵌在绿地系统之中。居民区不仅成片地布置在绿化带之间，而且住宅旁大都又有各自的小花园。市中心的几条中轴线两侧都栽植了大的乔木，布置了花坛。城市的外围则保留或开辟了大面积的国家公园与风景游览区。登上格里芬湖南岸的国会大厦或北岸的山头，俯视堪培拉，尽收眼底的到处是树、花坛和连片的草坪。整座城市的建筑物与林木花草交汇融合，如同一个巨大的花园，所以堪培拉被世人誉为"花园城市"。

新西兰首都惠灵顿多大风，素有"风城"之称。为了防止海风侵袭，使市区有一个良好的生态环境，该市在建市之初，就在城市周边规划了一条宽十几千米的市区外缘绿化带。这条绿化带至今保留完整，市政当局还准备把它完善提高，使其成为一条永久性的绿色的墙。同时，在市区中心还规划了五六十处公园和街头公共绿地，使整个城市繁华中有宁静，始终保持着一个良好的生态环境。

（二）重视投入、城市绿化有一定的资金作保障

澳大利亚、新西兰的城市绿化除私人住宅区外，公园、街头绿地等城市公共绿地均由政府出资建设与管理，这是他们的城市绿化得以正常发展和保持高水平高质量管理的根本保证。建于1816年的由3个小公园组成的悉尼皇家植物园有40多名管理人员，政府每年给公园拨款1500万澳币（折合人民币约9000万元），用于公园的建设发展、日常管理和发放员工工资。除此之外，公园还开办有咖啡屋、餐厅和商场，通过在其中举办演出、出租场地等，全年创收约400万澳元。这些收入全部由公园自己支配，政府对公园的各种创收一律免征各种税费，以增强公园发展的活力。

（三）把绿化建设与管理当作城市建设与管理的重要组成部分

澳、新政府及城市当局对城市绿化十分重视，制定有严格的法律、法令、政策和切实可行的管理措施。一是在城市里无论搞什么建设，都必须按规划的绿地率留足留够绿地，否则不予批准。二是必须充分绿化，不论是城区街巷还是郊野别墅区，除必要的水泥铺就的硬质地面，其余一律为草坪或种植花卉、树木。悉尼是澳大利亚最大的城市，其繁华的中心区可谓高楼林立、车水马龙，街巷十分狭窄。即使这样，其街道两侧都种植了树木。而悉尼市天蓝、水碧的优美环境不仅仅因为在市区栽植了一些树木，更主要的是他们舍得在寸土寸金的繁华地区辟出相当规模的土地，建设大面积的、组团式的成片绿地，这是改善城市环境的根本所在。

澳大利亚、新西兰的城市公共绿地均由政府主管部门负责管理，每个城市都组建有一定数量的专门管护人员，并根据不同情况制定明确的管理目标，主管部门随时进行检查。私人住宅区绿地，以自理为主，市政部门监督指导，如果管理不好，就会视情节受到警告或处罚。澳、新两国政府对绿化不仅制定有各种法规，而且严格执法。虽然两个

国家森林资源十分丰富，但他们对砍伐林木都有严格的限制和严格的审批手续。澳大利亚政府规定，确属需要，无论什么原因，每砍伐 1 株树木，必须栽植 10 株幼树，以保持林木数量的相对稳定与持续发展。

由于政府对城市绿化常抓不懈，市民的环境保护意识非常强。保护环境、美化环境、绿化城市、美化家园、维持城市生态平衡，不仅仅是政府与主管部门的事，似乎也成为市民的一种自觉行动。私人别墅区，每一个住户不仅对自己居室的房前屋后进行绿化，同时，还对自己门前一定范围内不属于自己的土地进行绿化和管理。如果住户外出时间较长，该住户就要委托或雇人对绿地进行管理。如果放任不管或管理不善，出现草荒等现象，左邻右舍就会投诉，主管部门就要派人进行处理，所需费用则由该住户支付。因此，这些城市的林木绿地始终处于一种良好的管理状态。市区的公共绿地、街道及高速公路两侧的草坪，无论是人工种植的草还是野草，无一处不是修剪得平整如毯，而且草地上绝无纸屑等废弃物，十分洁净。成群的海鸥、和平鸽悠闲自得地在草地上啄食，与游人嬉戏。[1]

---

[1] 参见常振祥《澳大利亚、新西兰城市绿化启示》，载《国土绿化》1998 年第 3 期，第 46～48 页。

参 考 文 献

一、专著类

[1] 陈琦，刘儒德. 当代教育心理学［M］. 北京：北京师范大学出版社，2007.

[2] 陈尤文，马志刚，萧宜美. 新加坡公共行政［M］. 北京：时事出版社，1995.

[3] 顾朝林. 经济全球化与中国城市发展——跨世纪中国城市发展战略研究［M］. 北京：商务印书馆，1999.

[4] 何芳川. 非洲通史（古代卷）［M］. 上海：华东师范大学出版社，1995.

[5] 黄珊. 国外大都市区治理模式［M］. 南京：东南大学出版社，2003.

[6] 黄文忠. 上海卫星城与中国城市化道路［M］. 上海：上海人民出版社，2003.

[7] 李廉水，［美］Roger R. Stough. 都市圈发展——理论演化·国际经验·中国特色［M］. 北京：科学出版社，2006.

[8] 列宁. 列宁全集：第19卷［M］. 北京：人民出版社，1954.

[9] 刘晔. 城市治理与公共权力：边界、责任与合法性［M］. 上海：上海辞书出版社，2005.

[10] 刘君德，汪宇明. 制度与创新——中国城市制度的发展与改革新论［M］. 南京：东南大学出版社，2000.

[11] 雷钰，苏瑞林. 中东国家通史：埃及卷［M］. 北京：商务印书馆，2003.

[12] 沈福伟. 中国与非洲——中非关系二千年［M］. 北京：中华书局，1990.

[13] 唐华. 美国城市管理：以凤凰城为例［M］. 北京：中国人民大学出版社，2006.

[14] 王旭. 美国城市发展模式：从城市化到大都市区化［M］. 北京：清华大学出版社，2006.

[15] ［美］文森特·奥斯特罗姆，罗伯特·比什，埃莉诺·奥斯特罗姆. 美国地方政府［M］. 井敏，陈幽泓，译. 北京：北京大学出版社，2004.

[16] 张红樱，张诗雨. 国外城市治理变革与经验［M］. 北京：中国言实出版社，2012.

[17] 杨灏城. 埃及近代史［M］. 北京：中国社会科学出版社，1985.

[18] 杨立勋. 世界先进城市管理研究［M］. 北京：中国社会科学出版社，2009.

[19] 张同铸. 非洲经济社会发展战略问题研究［M］. 北京：人民出版社，1992.

[20] 周一星. 城市地理学［M］. 北京：商务印书馆，1997.

[21] 郭爱军，王贻志，王汉栋，等. 2030年的城市发展——全球趋势与战略规划［M］. 上海：格致出版社，2012.

[22] 朱舜. 行政区域经济结构与增长［M］. 北京：经济科学出版社，2003.

[23] O'Connor A. The African city［M］. New York：Africana Publishing Company，1983.

[24] Saqqaf A Y. The Middle East city: ancient traditions confront a modern world [M]. New York: Paragon House, 1987.

[25] Altshuler A, Morrill W, Wolman H. Governance and opportunity in metropolitan America—the committee on improving the future of U. S. cities through improved metropolitan area governance [M]. Washington: National Academy Press, 1999.

[26] Soliman A M. A possible way out: formalizing housing informality in Egyptian cities [M]. New York: University Press of America, 2004.

[27] Jones V. Metropolitan government [M]. Chicago: The University of Chicago Press, 1942.

[28] Jones V. Metropolitan Government [M]. Vancouver: British Columbia Press, 1998.

[29] Friedmann J. Urban and regional governance in the Asia Pacific [M]. Vancouver: The University of British Columbia Press, 1999.

[30] Hunt J. The London government act, 1899: the law relating to metropolitan boroughs and borough councils [M]. Boston: Adamant Media Corporation, 2006.

[31] Fage J D. The Cambridge history of Africa [M]. London: Cambridge History of Africa, 1988.

[32] Hamilton D K. Governing metropolitan areas: response to growth and change [M]. New York: Garland Publishing, 1999.

[33] Barlow L M. Metropolitan government [M]. New York: Routledge, 1991.

[34] Ruthven M. Cairo time-life books [M]. Chicago: Nelson Hall, 1980.

[35] United Nations. World urbanization prospects: the 2011 revision [M]. New York: United Nations, 2012.

[36] Stren R E, White R R. African cities in crises: managing rapid urban growth [M]. London: West View Press, 1988.

二、期刊类

[1] 常振祥. 澳大利亚、新西兰城市绿化启示 [J]. 国土绿化, 1998 (3).

[2] 车效梅. 当代中东大城市困境与对策分析 [J]. 西亚非洲, 2006 (9).

[3] 车效梅, 张亚云. 开罗都市进程中的人口问题 [J]. 西亚非洲, 2009 (5).

[4] 陈根增. 澳大利亚、新西兰的城市管理情况及其对我们的启示 [J]. 人才瞭望, 2002 (2).

[5] 陈云, 顾海英. 国外大都市区域协调发展的基本特征及政府调控措施 [J]. 经济纵横, 2006 (9).

[6] 崔成, 明晓东. 日本大都市圈发展的经验与启示 [J]. 中国经贸导刊, 2014 (24).

[7] [英] Derek Gowling. 伦敦的城市规划和管理：最近的变化 [J]. 国外城市规划, 1997 (4).

[8] [荷] 迪科·弗肯. 以城区农业应对城市贫困——内罗毕个案研究 [J]. 西亚非洲, 1999 (6).

[9] 丁一文. 国外首都圈发展规律及其对我国"首都经济圈"建设的启示 [J]. 河南

大学学报（社会科学版），2013（4）．

[10] 董现荣．新加坡城市规划建设管理经验的启示［J］．绿色大世界，2007（Z2）．

[11] 段里仁，毛力增．首尔交通改善经验与生态交通发展模式［J］．综合运输，2013（11）．

[12] 段瑞君．欧美发达国家城市化进程的经验及其对我国的启示［J］．城市，2008（10）．

[13] 方创琳．中国城市群研究取得的重要进展与未来发展方向［J］．地理学报，2014（8）．

[14] 高秉雄，姜流．伦敦大都市区治理体制变迁及其启示［J］．江汉论坛，2013（7）．

[15] 耿海清，谷树忠．城市化进程中的产业政策选择［J］．城市问题，2007（2）．

[16] 谷人旭．国际大都市的区域规划［J］．地理教学，2005（8）．

[17] 国家发展和改革委员会产业发展研究所美国、巴西城镇化考察团．美国、巴西城市化和小城镇发展的经验及启示［J］．中国农村经济，2004（2）．

[18] 韩慧，李光勤．大伦敦都市圈生态文明建设及对中国的启示［J］．世界农业，2015（4）．

[19] 洪亮平，陶文涛．法国的大巴黎计划及启示［J］．城市问题，2010（10）．

[20] 胡祥．近年来治理理论研究综述［J］．毛泽东邓小平理论研究，2005（3）．

[21] 黄勇．美国大都市区的协调与管理［J］．城市规划，2003（3）．

[22] ［英］杰瑞·斯托克．英国地方治理的新发展［J］．中共浙江省委党校学报，2007（1）．

[23] 简逢敏，姚凯．城·水·园——澳大利亚新西兰城市规划考察［J］．上海城市规划，2001（2）．

[24] 焦文哲，刘荣高，葛全胜．非洲内罗毕城市变化的遥感监测与驱动因子分析［J］．资源科学，2013（4）．

[25] 金凡，刘岱宗，房育为．首尔公交改革对中国城市交通的启示［J］．城市交通，2006（6）．

[26] 李金龙，雷娟．国外大都市区治理模式及其对中国的有益启示［J］．财经问题研究，2010（8）．

[27] 李金龙，刘青锋．悖论分析：行政区划体制研究的新视角［J］．甘肃社会科学，2008（1）．

[28] 李晶，车效梅．开罗贫民窟问题的解决对山西城市发展的借鉴意义［J］．中国名城，2012（2）．

[29] 李晓西，张琦，赵峥，等．韩国开展城市环境治理的经验与启示——韩国考察调研报告［J］．全球化，2013（9）．

[30] 刘思阳．德国柏林—勃兰登堡首都大都市区治理评述［J］．中文信息，2015（3）．

[31] 刘祥敏，李胜毅．一体化分工跨区域合作的典范——东京大都市经济圈发展的经验和启示［J］．天津经济，2013（12）．

[32] 刘中起，吴娟．城市化进程与中国城市化战略的反思［J］．湖南城市学院学报，2006（2）．

[33] Manfred Sinz．关于大都市区的中心—边缘问题——以德国柏林为例［J］．聂晓阳，译．国外城市规划，1997（4）．

[34] 马斌. 首尔市环境治理实践——打造世界气候环境"首善之都"视角[J]. 环球市场信息导报, 2014 (7).

[35] 马淑芹. 新西兰首都惠灵顿的应急体制[J]. 中国应急救援, 2008 (1).

[36] 马祖琦. 伦敦大都市管理体制研究评述[J]. 城市问题, 2006 (8).

[37] 宁越敏. 中国都市区和大城市群的界定——兼论大城市群在区域经济发展中的作用[J]. 地理科学, 2011 (3).

[38] 潘国尧, 陆静. 新加坡治理城市交通拥堵的典范[J]. 运输经理世界, 2010 (8).

[39] 乔睿, 李晓春. 肯尼亚——内罗毕: 非洲国家如何实现跨越式发展[J]. 智能建筑与智慧城市, 2017 (1).

[40] 乔颖. 非洲和拉美国家城市化的弊端及其启示[J]. 济南大学学报(社会科学版), 2008 (2).

[41] 曲凌雁. 大巴黎地区的形成与其整体规划发展[J]. 世界地理研究, 2000 (4).

[42] 沈悦. 日本的城市化及对我国的启示[J]. 现代日本经济, 2004 (1).

[43] 苏珊·帕奈尔, 杰尼·罗宾逊, 王晓晓, 等. 从约翰内斯堡的城市发展战略来看城市发展与政策建议[J]. 北京城市学院学报, 2010 (2).

[44] 苏智良, 沈晓青. 东京: 国际大都市之路——兼论对上海的启示[J]. 上海行政学院学报, 2004 (2).

[45] 孙斌栋, 刘学良. 欧美城市贫困集中研究述评及对我国的启示[J]. 城市问题, 2009 (6).

[46] 孙斌栋, 潘鑫. 城市空间结构对交通出行影响研究的进展——单中心与多中心的论争[J]. 城市问题, 2008 (1).

[47] 孙超英. 发展中国家城市化道路及其借鉴[J]. 四川行政学院学报, 2002 (5).

[48] 谭复兴. 新西兰惠灵顿的轨道交通[J]. 城市轨道交通研究, 2010 (11).

[49] 唐燕. 柏林-勃兰登堡都市区: 跨区域规划合作及协调机制[J]. 城市发展研究, 2009 (1).

[50] 唐路, 薛德升, 许学强. 1990年以来国内大都市带研究回顾与展望[J]. 城市规划汇刊, 2003 (5).

[51] 陶希东, 黄丽. 美国大都市区规划管理经验及启示[J]. 城市问题, 2005 (1).

[52] 田川. 新加坡的城市治理[J]. 中国中小企业, 2014 (1).

[53] 田剑平, 许学强, 赵晓斌, 等. 城市外来低收入移民安置与自下而上城市化发展[J]. 地理科学, 2002 (4).

[54] 王桂新. 国外大都市区人口发展的相关政策及其借鉴[J]. 世界地理研究, 2002 (2).

[55] 王剑云, 韩笋生. 杭州与新加坡的城市社区组织模式比较[J]. 城市规划汇刊, 2003 (3).

[56] 王珏, 叶涛. 中国都市区及都市连绵区划分探讨[J]. 地域研究与开发, 2004 (3).

[57] 王凯军, 金冬霞. 悉尼奥运会对城市环境整治和景观生态建设的促进及经验[J]. 城市管理与科技, 2003 (1).

[58] 王库. 试论生态治理视域下的新加坡城市管理[J]. 吉林省社会主义学院学报,

2008（3）.

[59] 王丽，邓羽，牛文元. 城市群的界定与识别研究［J］. 地理学报，2013（8）.

[60] 武廷海. 纽约大都市地区规划的历史与现状：纽约区域规划协会的探索［J］. 国外城市规划，2000（2）.

[61] 熊军，宁越敏. 柏林-勃兰登堡大都市区可持续发展规划及其启示［J］. 城市问题，2001（4）.

[62] 薛泉. 国外大都市治理：模式、经验与借鉴［J］. 上海人大月刊，2014（5）.

[63] 严涵，聂梦遥，沈璐. 大巴黎区域规划和空间治理研究［J］. 上海城市规划，2014（6）.

[64] 姚伟. 欧美城市历史与理论及其对我国新型城镇化建设的启示［J］. 湖北社会科学，2015（2）.

[65] 易承志. 大都市与大都市区概念辨析［J］. 城市问题，2014（3）.

[66] 易承志. 国外大都市区治理研究的演进［J］. 城市问题，2010（1）.

[67] 易承志. 新加坡大都市政府治理机制运行实践与启示［J］. 天府新论，2014（2）.

[68] 易承志. 中国大都市区治理研究的视域分析及其启示［J］. 行政论坛，2014（6）.

[69] 张京祥. 省直管县改革与大都市区治理体系的建立［J］. 经济地理，2009（8）.

[70] 张衔春，赵勇健，单卓然，等. 比较视野下的大都市区治理：概念辨析、理论演进与研究进展［J］. 经济地理，2015（7）.

[71] 张彦涛，迟晓德，刘玉德，等. 澳大利亚和新西兰自然生态和城市环境保护研究与借鉴［J］. 环境科学与管理，2013（7）.

[72] 张增玲，甄峰，刘慧. 20世纪90年代以来非洲城市化的特点和动因［J］. 热带地理，2007（5）.

[73] 郑玉超. 生态建设和城市规划应有的思路——从澳大利亚和新西兰的成功经验中得到的启示［J］. 领导科学，2006（7）.

[74] 周江评. 交通拥挤收费——最新国际研究进展和案例［J］. 城市规划，2010（11）.

[75] 张恺. 巴黎城市规划管理的新举措——地方城市发展规划（PLU）［J］. 国际城市规划，2004（5）.

[76] 曾望军，刘飞跃. 论我国大都市区域治理的经验借鉴与模式创新［J］. 经济与社会发展，2010（6）.

[77] Burgess E W. The growth of a city：an introduction to a research project［J］. American Sociological Society，1925（2）.

[78] Stewart D J. Cities in the desert：the Egyptian new-town program［J］. Annals of the Association American Geographers，1996（3）.

[79] Mulligan G F, Crampton J P. Population growth in the world's largest cities［J］. Cities，2005（5）.

[80] Clancy J S. Urban ecological footprints in Africa［J］. African journal of Ecology，2008（4）.

[81] Schneider M. Fragmentation and the growth of local government［J］. Public Choice，

1986（3）.

三、其他

[1] 陈曦，汪军. 欧洲空间战略规划新动向：以大巴黎规划国际咨询为例［C］//2009年中国城市规划年会论文集. 天津：天津科学技术出版社，2009.

[2] 黎晴，刘子长，陈玫. 大巴黎2050战略规划中的交通理念［C］//中国城市规划学会城市交通规划学术委员会. 中国城市交通规划2011年年会暨第25次学术研讨会论文集.［出版地不详］：［出版者不详］，2011.

[3] 车效梅. 中东伊斯兰城市研究［D］. 西安：西北大学，2004.

[4] 陈大鹏. 城市战略规划研究［D］. 西安：西北农林科技大学，2005.

[5] 何小娥. 大城市规划区内小城镇总体规划实施机制研究［D］. 武汉：华中科技大学，2004.

[6] 廖民生. 澳大利亚新西兰的城市经验［N］. 经济观察报，2004-10-18.

[7] 孙卫东. 澳大利亚和新西兰城市管理的主要特点［N］. 齐齐哈尔日报，2008-08-07.

[8] 姚士谋，帅江平. 关于建设我国国际化大都市的思考［N］. 中国科学报，1995-01-23.

[9] 袁媛，韩立昕. 惠灵顿多渠道打造文化创意之都［N］. 中国文化报，2014-11-28.

[10] Jackline Wahba. An overview of internal and international migration in egypt［N］. Economic Research Forum Working Paper，2007-07-03.

[11] 中国市长协会，《中国城市发展报告》编辑委员会.（2001~2002）中国城市发展报告［R］. 北京：西苑出版社，2003：15-17.

[12] David Sims. Urban slum reports：the case of Cairo，Egypt［EB/OL］.（2011-05-15）［2018-11-07］. http：//www. ucl. ac. uk/dpu-projects/Global_Report/pdfs/Cairo. pdf.

[13] UN population fund（2007）state of the world population report［EB/OL］.（2007-07-04）［2017-11-07］. http：//www. un. org/esa/population/publications/WUP2005/2005WUP_FS8. pdf